U0781777

诗与远方的
邂逅
颐和园

范志鹏

编著

气象出版社
China Meteorological Press

内 容 简 介

本书以颐和园的各个景区、景点为主要题材，介绍了颐和园勤政办公区、生活居住区、风景游览区、万寿山后山景区、沿昆明湖景区、非物质文化遗产及其周边地区；同时提供了颐和园游览服务指南，使读者能够方便、快捷地了解游览信息。

本书图文并茂，深入浅出，便于读者理解颐和园成为世界文化遗产的真谛。本书适用于广大旅游爱好者、喜爱中国传统文化的相关人士、导游人员（中、高级）、普通高校旅游管理等相关专业的师生等。

图书在版编目（CIP）数据

诗与远方的邂逅：颐和园 / 范志鹏编著 . -- 北京：气象出版社，2019.7
ISBN 978-7-5029-6995-0

Ⅰ . ①诗… Ⅱ . ①范… Ⅲ . ①颐和园—介绍 Ⅳ . ① K928.73

中国版本图书馆 CIP 数据核字（2019）第 139238 号

诗与远方的邂逅：颐和园
SHI YU YUANFANG DE XIEHOU: YIHEYUAN

出版发行：气象出版社			
地　　址：北京市海淀区中关村南大街 46 号		邮　　编：100081	
电　　话：010-68407112（总编室）　　010-68408042（发行部）			
网　　址：http://www.qxcbs.com		**E-mail**：qxcbs@cma.gov.cn	
责任编辑：邓　川　吴晓鹏		终　　审：张　斌	
责任校对：王丽梅		责任技编：赵相宁	
封面设计：景粤强			
印　　刷：北京地大彩印有限公司			
开　　本：710mm×1000mm　1/16		印　　张：9	
字　　数：166 千字			
版　　次：2019 年 7 月第 1 版		印　　次：2019 年 7 月第 1 次印刷	
定　　价：59.00 元			

本书如存在文字不清、漏印以及缺页、倒页、脱页等，请与本社发行部联系调换。

序　一

　　颐和园是世界上保存最完好的皇家园林之一。从全局来看，高耸的万寿山以佛香阁为顶峰，浩瀚的昆明湖以堤坝为界限，高耸与浩瀚互补，构成了园林的骨架。颐和园给世人留下了众多的宝贵财富，蕴含了无尽的中国传统文化，充满了有别于其他任何世界文化遗产的个性和魅力。

　　在中国传统文化的丰富遗产中，古典园林艺术以其完全不同于西方园林的空间原则和美学品味而独具魅力。颐和园中的苍岩深壑与小桥流水给人以无尽的艺术享受，规模宏大且气度非凡。

　　本书以平缓的导游辞方式叙述颐和园，从整体布局到各个景点，进行了详细的讲解，同时对其中的文化内涵加以阐述，读者定会在作者的娓娓道来中体会到中国皇家园林的独特韵味。

　　范志鹏先生是颐和园管理处职工，他利用业余时间钻研并考取了中华人民共和国高级英语导游证。他对工作认真负责，踏实肯干，刻苦钻研颐和园文化10余年。通过数年的积累，积累了丰富的学术成果，曾在期刊上发表多篇颐和园主题的学术论文。此次作者历时近3年时间为大众创作了一本从讲解视角品读颐和园的佳作。

　　得知这本书即将出版，我甚为欣慰，这体现着颐和园本园职工对颐和园文化的关注与热爱。只有作者热爱颐和园，才会愿意花费大量的时间和精力去研究这座古典园林。这代表着他对颐和园的珍惜和热爱。作为颐和园的最高管理者，看到颐和园本园职工如此热爱颐和园，我感到很荣幸，也增加了继续扩大颐和园文化宣传力度的使命感和责任感。本书的出版，为公众打开了一扇深度了解颐和园的窗口。

世界文化遗产颐和园日益得到全世界的关注和欣赏，这座承载着丰富历史文化的园林，令人无限感慨。预祝范志鹏先生呕心沥血的佳作能够得到公众的喜爱。

颐和园园长

序 二

　　古都北京，是现存皇家园林最集中的地区，颐和园是中国古典皇家园林遗存中的精华和代表。颐和园集中体现了中华民族"道法自然""天人合一"等哲学思想，彰显了中国传统文化的独特魅力，在人类文明史上谱写了一部创造理想家园的灿烂篇章。

　　中国古典园林造园技艺源远流长，依托数千年的积淀，在清代达到了中国园林造园技艺的最高峰。清兵入关后，融合了满族山林骑射和汉族园林文化传统，皇家园林建设高潮迭起，其数量之多、规模之大空前绝后，为世人留下了众多珍贵的古典园林创作范例，颐和园就是其中杰出的代表。

　　颐和园的相关书籍多以学术、旅游、摄影为主题，这本书以导游辞的形式向读者展现了颐和园的文化特点。特别是对万寿山后山景区的描述，给人耳目一新的感觉，以更加丰富的视角阐释了一个别样的颐和园，品读起来让人颇感新颖。书中一幅幅栩栩如生的唯美画面、一个个借古喻今的生动故事，给人一种身临其境的感觉。中国园林的主题是和谐，中国园林的灵魂是文化，中国园林的本质是民生。读此书，不仅是在了解颐和园的造园艺术与故事，更是在品读中国皇家园林的文化与精神。

颐和园副园长　周志中

序 三

　　文化遗产景区导游人员的主要工作内容之一是引导游客感受景区、景点之美，是一种特殊的知识传播交流艺术工具。导游辞就是他们引导游客观光游览时的讲解语言，是向游客传播文化知识的桥梁与手段，同时也是一种富有特点的应用写作文体。它讲求丰富准确的专业知识的通俗化转化，讲求深入浅出、生动风趣，讲求引人入胜、引人互动与人文之厚。

　　颐和园是世界几大文明之一的有力象征，品读颐和园导游辞，如同缓缓打开一扇文化之旅的大门，人们可以透过这扇门，看到颐和园五彩斑斓的景象，品味深厚的历史文化底蕴。导游是旅游业的重要媒介，导游的讲解是使游客了解颐和园画龙点睛的那一笔，因此非常重要。此书在充分搜集、整理资料的基础上，坚持兼容性、可读性、知识性和趣味性的原则，为北京旅游业从业者提供了一本可参考的颐和园旅游工具书，同时也为游客提供了一本颐和园旅游导览书。

　　颐和园文化的背后是一部传奇，而传奇需要被人用讲解辞的方式进行讲述。得知范志鹏先生的《诗与远方的邂逅：颐和园》即将出版，我深为这位年轻的有心、有志之人感到高兴，应邀作序。

颐和园副园长　綦雷

目　录

第①章
颐和园总览

《雨后昆明湖泛舟骋望》

[清] 爱新觉罗·弘历

半夜嘉霖晓快晴，敕机暇偶泛昆明。

稳同天上坐春水，爽学秋风动石鲸。

出绿柳荫知岸远，入红莲路荡舟轻。

玉峰真似蓬莱岛，只许遥遥镜里呈。

🏵 1.1 颐和园概述

　　尊敬的各位来宾，欢迎来到颐和园。颐和园是1998年联合国教科文组织评定的世界文化遗产，是世界著名的游览胜地。颐和园如同一部文化内涵深厚的历史教科书，吸引着世人的目光，在历史岁月的洗礼下，它又像是一座中国古典园林博物馆，展示着东方文明的独特韵味。

△ 颐和印象（赵玉明　摄）

△ 深秋颐和（赵玉明　摄）

　　颐和园始建于乾隆十五年（1750 年），那时的清代正值盛世，疆土广阔，国力强盛，是一个强大的东方帝国。当时执掌中国朝政的是清王朝的第四位皇帝乾隆，他凭借自己对中国园林的理解、至高无上的权力以及国库大量的存银，以"兴修水利、为母祝寿"为名，选定燕山脚下一处具有江南水乡风韵的绝妙之处，吸收了中国古典园林艺术之精华，继承了历代皇家园林的成就，荟萃了全国的能工巧匠，连续施工 15 年，建成了这座规模巨大的皇家御苑，当时名为"清漪园"。这座园林充分显示了中国园林文化的最高成就。遗憾的是，在咸丰十年（1860 年），清漪园连同圆明园一起，被入侵北京的英法联军焚毁。光绪十四年（1888 年），慈禧太后以光绪皇帝的名义下令在清漪园的遗址上重建此园，并改名为"颐和园"。重建之后的颐和园成为北京西北郊仅存的一座完整的皇家园林，虽然仍然大致保持原来清漪园的规模和格局，但政治地位却大大提高，这座园林不再是行宫，而成为慈禧太后和光绪皇帝理政的离宫，功能相当于康熙时期的畅春园、雍正至咸丰时期的圆明园，地位仅次于紫禁城。总之，颐和园是当今世界上建筑规模最大、保存最完整、文化内涵最丰富的皇家御苑，被誉为"皇家园林博物馆"，集锦绣中华于一园，这座园林以其独特的魅力成为东方皇家园林文化的代表。

△ 乾隆皇帝画像　　　　　　　　　　　　　　△ 慈禧太后画像

颐和晨光

　　颐和园是首都北京七处世界文化遗产之一，是中国文化遗产的杰出代表。在《世界遗产名录》中，颐和园获得了三条极高的评价："（1）北京颐和园是对中国风景园林造园艺术的一种杰出的展现，将人造景观与大自然和谐地融为一体。（2）颐和园是中国造园思想的集中体现，而这种思想和实践对整个东方园林艺术文化形成的发展起了关键性的作用。（3）以颐和园为代表的中国皇家园林，是世界几大文明之一的有力象征。"在北京城市总体规划（2016—2035 年）中明确了"三山五园"地区的重要地位，强调了"三个文化带"的建设，其中颐和园是北京市范围内唯一一处"西山永定河文化带"与"大运河文化带"的交汇点，凸显其在晚清时期所承担城市水利工程枢纽以及如今城市规划发展的重要地位。

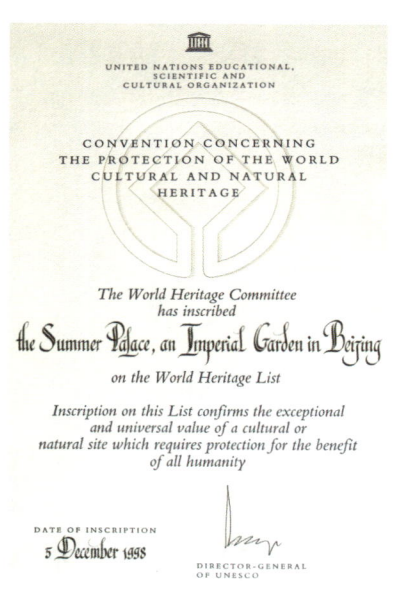

△ 颐和园世界遗产碑　　　　　　　　　　　△ 颐和园世界遗产证书

　　颐和园主要由万寿山和昆明湖组成，占地面积约 300.9 公顷，其中水域面积约占四分之三；园林布局因功能不同划分为朝政办公区、帝后生活区和风景游览区三个部分。我们可以站在巍峨的万寿山上俯瞰全园景色，穿梭在玉澜堂与乐寿堂之间回味惊心动魄的戊戌之变，漫步于长廊之中用心体味博大精深的中国传统文化。1998 年初春，联合国教科文组织国际古迹遗址理事会主席罗兰·席尔瓦博士对颐和园进行申遗评估考察时说道："我在颐和园的每一分钟对我来说都是一种享受，我所见到的任何景观都非常美。如果下次我还有机会来中国，我将作为人类遗产的朝圣者来朝拜颐和园。"这是参观者对颐和园作为世界文化遗产的最高认可。在这里可以看到中国范围内最大的亭子——廓如亭，欣赏宏伟的木结构建筑——佛香阁，畅游波澜壮阔的水域——昆明湖，品读中西合璧的典范——石舫，探究悠扬委婉的京剧——大戏楼……

中国古典园林历史悠久，在3000余年的发展过程中形成了世界上独树一帜的中国园林体系，它在漫长的历史进程中不断自我完善，持续演进。中国古典园林作为一种园林体系，与其他园林体系相比而言，其个性鲜明，具有本于自然而高于自然、建筑美与自然美的融糅、诗画的情趣、意境的含蕴四个特点。中国古典造园的"虽由人作，宛自天开"，是以追求自然精神境界为最终和最高目的，是祖先留给我们的瑰宝，也是全人类共同的文化遗产，实际上颐和园就是中国古典园林的集大成者。中国古典园林中的四要素是山、水、建筑和植物，其中，山、水是中国园林的显著特征，同时也是园林的基础，"山是园林的骨架，水是园林的血液"，颐和园中的万寿山和昆明湖集中体现了中国古典园林中深厚的山水文化。自然山水是美的体现，园林里只要有山有水，便具有林壑之美，也就有了诗情画意。媚山秀水足以使人们"游目骋怀"，它能引起人们丰富的想象，或借山水以寄意，或借山水以抒情。总之，山水园林的艺术美感实在不可等闲视之。

颐和园的标志性建筑是佛香阁，它不仅是中国古代建筑工艺中的珍品，也是北京的代表性地标之一。佛香阁是当年帝后为百姓祈求风调雨顺、国泰民安的地方。它八面体的外观设计，使我们从任何一个角度欣赏，总能看到相同的完美视觉效果。佛香阁已经有100多年的历史，这样一座体量庞大、气势恢宏的古建筑，没有使用一颗铁钉，整座建筑被稳稳地固定在基座之上，充分体现了中国古建筑对力学原理的完美运用。佛香阁是颐和园的核心景观，无论春夏秋冬、阴晴雨雪、清晨黄昏，它雄伟壮丽的身姿，总能带给人震撼的美。在佛香阁的南面是排云殿建筑群，

△脊兽与佛香（陈晓京 摄）

排云殿是慈禧太后举行大型庆寿活动的场所，排云殿建筑群内的金水池和金水桥为仿照紫禁城外朝形制所建，它们不但装点了院落的景观，桥下的池水还可以满足周围古建筑防火的需求。整组建筑的屋顶使用了金色琉璃瓦，说明它是颐和园中等级较高的建筑。

"人在园中走，好似画中游"——画卷真的就在我们身边。在颐和园长廊中绘制的精美彩画共 14000 余幅，其数量和题材的丰富程度在中国古典园林中独树一帜，题材包括人物故事、草木花卉和山水风景等。其中最为引人入胜的当属长廊中的 200 多幅人物故事画，这些彩画被绘制得栩栩如生，大多出自中国古典文学名著《西游记》《红楼梦》《三国演义》《水浒传》等。长廊彩画丰富多彩的内容、独特的绘制技巧，多层次、多角度地将中华民族对美的追求展现得淋漓尽致。1990 年，长廊被吉尼斯世界纪录评选为"世界上最长的走廊"，吉尼斯世界纪录证书上书写着"世界上最长的走廊是中国北京颐和园的长廊，全长 728 米，完全由木材建成"。

以颐和园为代表的中国古典园林是中国传统文化不可替代的组成部分，是最具生命力的文化形态。中国园林伴随着山水文化和隐逸文化而逐步形成发展，成为可游、可赏、可居，体现园主人人格追求和精神世界的道场。中国园林文化在自身的发展过程中，对东、西方造园理念和实践都产生了不同程度的影响。中国传统思想的重要流派对中国园林产生了深远的影响，成为园林创作的主导思想和造园实践的理论基础。儒家倡导的山水园林是美育人性的空间；道家主张的"道法自然""壶中天地"等成为中国古典园林的哲学文化基础；佛教追求的佛国净界和丛林制度促成了寺观园林艺术空间。总之，以颐和园为代表的中国古典园林的产生和发展反映了先民对理想生活空间和精神世界的向往和追求。从先秦到晚清，中国古典园林经历了漫长的发展历程，以皇家园林、私家园林、寺观园林为主体，逐渐形成了独具特色的园林体系和异彩纷呈的地域风格，集中体现了中华民族"道法自然""天人合一"等哲学思想，以其丰富的内涵和卓越的成就，彰显了中国传统文化的独特魅力，在人类文明史上谱写了一部创造理想家园的灿烂篇章。

颐和园是一部永远看不完的历史连续剧，是集中国数千年造园理论与文化于一体的皇家园林博物馆。今天，代表着中国传统文化精髓的颐和园已成为各国人民共享的旅游胜地。颐和园中的山、水、建筑、植被相互协调，巧妙地安置在一起，各个景点相得益彰，以实物和非实物的形式全面展示着中华多元文化的精髓，是世界文化遗产中东亚地区的杰出代表之一。

1.2 古典园林的代表

颐和园是中国古典园林的杰出代表，体现着中国古典园林的源远流长和博大精深。生成期、转折期、繁盛期、成熟期和集盛期的中国古典园林在颐和园中几乎都可以找到不同程度的踪迹。

△初秋佛香阁（胡洁 摄）

生成期的中国古典园林，从萌芽、产生到逐渐成长，持续了千余年。这段时期园林的发展大致可以分为三个阶段：殷、周；秦、西汉；东汉。殷、周是园林生成期的初始阶段，天子、诸侯、卿、士大夫等大小贵族、奴隶主所拥有的"贵族园林"相当于皇家园林的前身，但尚不是真正意义上的皇家园林。秦、西汉为生成期园林发展的重要阶段，相对于中央集权政治体制的建立，出现了皇家园林这个园林类型，其"宫""苑"两个类别，对后世的宫廷造园影响极为深远。总体来说，生成期的持续时间很长，但园林的演进极其缓慢，始终处在园林发展的初级阶段。秦、汉是园林生成期发展的重要阶段，随着中央集权政治体制的确立，皇家园林应运而生。这一时期帝王所经营的苑囿规模恢宏、建筑华美、功能多样，如我们熟知的上林苑、阿房宫、建章宫等。上林苑是汉武帝在秦代的一个旧苑址上扩建而成的宫苑，它规模宏大，宫室众多，有多种功能和游乐内容，是秦汉时期宫苑的典型代表。建章宫是上林苑十二宫之一，它的南部主要以宫殿为主，北边以园林为主，园林布局以"一池三山"为主要模式，"一池"指的是太液

池，"三山"是指在太液池上的三座仙山——蓬莱、瀛洲和方丈，可以说这里是中国园林历史上第一座具有完整的三仙山的仙苑式皇家园林，自此"一池三山"就成为皇家园林的主要布局模式，并一直延续到清代。如今，俯瞰颐和园昆明湖依然可以看到"一池三山"的壮美景观。

△ 佛香与花卉

　　三国、两晋、南北朝虽都是中国历史上的大动乱时期，但思想十分活跃，儒、道、佛三家争鸣，人们勇敢地冲破儒学的桎梏，寻求个性解放，崇尚隐逸和寄情山水成为社会风尚，普遍形成了士人游山玩水的浪漫风习。"园林"一词开始出现在典籍之中，造园活动不再追求宏大的规模，隐逸思想得以充分体现，造园手法趋向于写实与写意的结合，并具有浓郁的自然气息，为皇家、私家、寺观园林体系的最终形成奠定了基础。因此可以说，这个时期是中国古典园林发展史上的一个承前启后的转折期。在颐和园的长廊彩画和片片竹林之中，我们可以隐约体味到以竹林七贤为代表的士族知识分子自由清高的理想人格。

　　隋唐时代，园林创作达到了一个高峰。皇家园林的"皇家气派"已经完全形成，私家园林追求个性的特征，深刻地影响了文人园林的创作，同时促进了寺观园林的世俗化。以诗入园、因画成景的做法在唐代已见端倪，之后对园林诗情画意的境界追求日趋成熟。隋、唐是中国封建社会繁荣鼎盛的时期，政治稳定，经济发达，文化艺术盛极一时，绚丽多彩的文学、史学、建筑、雕刻、绘画、书法交相辉映，山水画、山水诗文、山水园林这三个艺术门类得到了进一步的融合，中国古典园林的第三个特点"诗画的情趣"开始形成，画论和诗论交融渗透，"外师造化，中得心源"也成为中国园林艺术创作的原则之一。由此，中国古典园林的发展达到了全盛时期。颐和园中的石舫就隐含着唐太宗李世民独特的治国思想和理念，告诉我们唐代出现"贞观之治"的根本原因。

△ 文人情怀（李赞　摄）

　　"外师造化，中得心源"是唐代一位著名的画家张璪提出来的。那么，这句话的含义是什么呢？一般认为，"师造化"就是"以大自然为师"；而"心源"，则是人内在的情思和心灵感受。因此，艺术创造一方面要观察、研究、模仿大自然，另一方面则要在这种观察和模仿中表达自己的情思和感受，这就是园林中师法自然的开始，也是颐和园整体设计理念的根本所在。

　　宋代以来，政治上的重文抑武、城市经济的高速发展、市民文化的繁兴、科学技术的长足进步，促成了园林艺术的高度繁荣。这一时期，文人园林的发展最

△ 艮岳遗迹　　　　　　　　　　　　△ 颐和秋叶

为突出，皇家园林和寺观园林也更多地受到文人园林的影响。叠石、理水、建筑营建、植物造景等技术进一步发展，园林创作更加重视意境和内涵，中国古典园林的风格完全成熟。元代在中国古典园林史上是一个极其重要的承前启后的阶段，其所显示的蓬勃进取的艺术生命力和创造力，集中体现了本于自然而高于自然、建筑美和自然美的融糅、诗画情趣、意境含蕴的风格特征。总体看来，这一时期，园林的发展由繁盛期升华为完全成熟的境地，这也促成了园林的再度辉煌。漫步在颐和园万寿山东麓，我们依旧可以欣赏到艮岳遗留山石的奇美。

明、清时期是中国古典园林发展史上的集大成阶段，现存的园林实体大多产生于这一时期。明清园林形式更加丰富，南北园林的交流频繁，出现了一批不同地域、风格迥异的园林作品。同时，园林也成为中西文化交流的重要内容，园林相关的论著集中出现，长期积淀的深厚文化传统，促成了中国古典园林的再度辉煌。中国古典园林至清代乾隆时期达到了极盛，清漪园可以说就是当时山水园林的杰出代表。昆仑石碑是清代乾隆年间园林中特有的一种石碑，在颐和园中共有三座。通常昆仑石碑的碑身为梯形圆顶，上面镌有御书文字和御制诗，碑座上刻有波纹，象征海水江崖。最有意思的是，碑座两侧各有一个方形石窝，是种植松柏的树洞。昆明湖东堤上的昆仑石碑碑身四面刻有九首乾隆御制诗：东侧为"西堤"七律诗一首，西侧为"昆明湖上作"七律诗一首，南侧为"昆明湖上作"七绝四首，北侧为"玉河泛舟"七绝三首。这些诗中以"西堤"诗最为著名，清晰地说明了从瓮山泊到昆明湖这段堤岸的变迁史——"西堤此日是东堤，名象何曾定可稽？展拓湖光千顷碧，卫临墙影一痕齐。刺波生意出新芊，踏浪忘机起野鹭。堤与墙间惜弃地，引流种稻看连畦。"疏浚后的昆明湖，湖面往东拓展直抵万寿山东南面的一条南北走向的旧堤。利用浚湖土方堆叠，改造万寿山东半部的山形，保留原东岸上的龙王庙成为湖中的一个大岛——南湖岛。这条旧堤原来是康熙时期为使地势较低的畅春园免受西湖水患泛滥而修筑的，因其在该园的西面，故名为"西堤"。昆明湖往东拓展之后就利用这条旧堤加固、改造而成为湖东岸的

△夏荷映佛香

△佛香冬之恋

大堤，改名"东堤"。于是，西堤便成了东堤。

乾隆御制万寿山昆明湖石碑的碑文表述了两个营建清漪园的理由：一是治水，二是为母祝寿。乾隆九年（1744 年），乾隆皇帝在完成圆明园扩建工程后，在所撰《圆明园后记》中明确表示"后世子孙必不舍此重费民力创建园囿矣"。到了乾隆十五年（1750 年），仅时隔 6 年时间，乾隆皇帝便"出尔反尔"地开始了他营建清漪园的工程。他为什么愿冒自食其言的指责去建造清漪园呢？当然治水与祝寿是两个响当当的理由，但是真正的原因在于：乾隆皇帝是想用亲自规划、设计、建造一座园林的方式，阐释自己的统治思想，展现自己的才华，炫耀自己的功德，用这座园林为自己树立一块亘古永恒的丰碑，这就是这座园林会成为集盛期园林代表的根本原因。

1.3　造园技艺的展现

中国文人和工匠艺人们在数千年的造园实践中，形成了独具中国特色的造园思想和技艺，以巧夺天工的手法以及山形水系、花草树木、路廊岛桥、亭台楼阁等景物的巧妙组合，塑造出诗情画意、情景交融的园林立体画卷。以颐和园为展现地的中国园林成为中国文化艺术宝库中的珍品，也是人类文化艺术百花园里的一朵奇葩，在世界园林中独树一帜。

园林是空间和组群的艺术，通过各种要素组合、分隔空间，能产生不同的直观性景观效果和体验性园林意境。当具体的、有限的、直接的园林空间景象融汇诗情画意的意境和思想哲理的精神内涵之后，它便升华为无限的审美对象，散发出独特的东方艺术魅力，给人更为深广的美感享受。

△福、禄、寿三星观昆明（胡霁 摄）

园林与绘画其实和中国传统艺术相通，中国古典园林讲求的园中山水与书画创作追求的胸中丘壑，体现了造园家与画家的关系。从明代计成的《园冶》到现代陈从周的《说园》，均强调园林的立意。中国古典园林大多在造园之初即有深邃的立意，从而产生永存的艺术魅力。

△借景玉泉山

园林由不同的园林要素有机组合而成，园林艺术是时间艺术与空间艺术综合经营的结果，不仅在于其景象空间的变换，更在于其游览线路的组织。为达到园林创作的最高境界，在园址选择、构思立意的基础上，选取、提炼题材，确定主景、配景、功能分区、景点游线分布，探索出园林建设所采用的最终形式。

园林布局是园林规划设计中的一个重要环节，是根据计划确定所建园林的性质、主题、内容，结合选定园址的具体情况，进行总体的立意构思，对构成园林的各种重要因素进行综合的全面安排，确定它们的位置和相互之间的关系。园林是由一个个、一组组不同的景观组成的，这些景观不是以独立的形式出现的，而是由设计者把各景物按照一定的要求有机地组织起来的，形成一个和谐完美的整体，这个过程称为园林布局。清漪园的园林布局完全按照乾隆皇帝的想法所建，颐和园的重新修建也延续了这一思想。

△ 铜牛观山

中国神话两大源头昆仑神话和蓬莱神话，其中的仙山是人们想象中的理想境域，以昆仑山、蓬莱三山为代表。这种模式也奠定了后世中国园林中"一池三山"的景观格局。颐和园昆明湖按照中国历代皇家园林"一池三山"的布局方式，在湖内建有"南湖岛""治镜阁岛"和"藻鉴堂岛"三个岛屿。颐和园是自汉武帝建章宫首创"一池三山"模式以来，最后一座且仅存的一座保留着这种完整"一池三山"模式的皇家宫苑。

园林造景犹如撰文绘画，贵在灵活，意在情景，有法而无定式。变换之处，妙处跃然于园，情趣盎然。通过借景、障景等技法，形成独特的造园艺术。

障景是中国古典园林造园的一个手法，就是"一步一景、移步换景"，采用布局层次和构筑木石达到遮障、分隔景物的效果，使人不能一览无余。障景按布置位置的不同分为三种：入口障景、端头障景和曲障。入口障景即位于景园入口处，为了达到欲扬先抑、增加层次、组织人流、障丑显美等作用而设置；端头障景位于景观序列的结尾处，希望游人有所回味，留有余韵，起到流连忘返、意犹未尽、回味无穷的作用；曲障则主要依托一定的建筑题材，通常在宅园，往往要经过曲折的廊院才能来到园中，因此叫作曲障。

颐和园仁寿殿和昆明湖之间的区域，是宫殿区和居住区、游览区的过渡区域。这里用土山带石的做法堆出了一座假山，这座假山在分隔空间的同时结合了障景手法。在宏伟的仁寿殿后面，把园路收缩得很窄，并采用"之"字线形穿山而形成谷道。刚出谷口，辽阔、疏朗、明亮的昆明湖则展现在眼前，这种"欲放先收"的障景手法取得了很好的视觉效果。

借景意味着园林景象的外延，使大自然与人工环境融为一体，达到"天人合一"的意境，是中国古典园林创作的极其巧妙的手法。借景即有意识地把园外的

△ 透窗

△ 透景西山

景物"借"到园内视觉范围中，园林中的借景有收无限于有限之中的妙用。借景分近借、远借、邻借、互借、仰借、俯借、应时借七类，其方法通常为开辟赏景透视线，去除障碍物，从而提升视线景点的高度，突破园林的界限。

颐和园把"借景"的法则利用到极为美妙的程度。园中的西堤与水面，再加上远处的西山群峰，就如同西面的玉泉山及群山就在园内或者说就在堤的西面，仿佛穿过玉带桥的桥洞即可到达，这就是"借景"的妙处。从昆明湖往西望去，包括西山诸峰及香山在内的燕山山脉，尽管它们距离万寿山相对遥远，可以说在整体气势上完全不同，但在万寿山和西山群山中间恰巧有一座玉泉山，加上玉泉山山顶挺拔的玉峰塔，如同纽带一般，把万寿山和西山群峰串连在一起。颐和园的借景西山扩大了园林视觉范围，它不仅起到了点缀作用，更是整个园林规划设计的点睛之笔。

透景是中国古典园林的造景手法之一，即利用完全透空的框架框出景致，不强调大的边框。框景则是利用门洞、窗洞等有边框的元素框住一定范围内的景致，园林中建筑的门、窗、洞或者乔木树枝形成的景框，往往把远处的山水美景或人文景观包含其中，这便是框景。这些造园技艺手法均可在颐和园中找到典型范例。

颐和园的园林艺术是对中国数千年来园林艺术史的总结，这其中凝聚着大量样式雷家族的心血。样式雷家族承办了清代大部分营造业，几乎所有的皇家园林都深深地打上了他们的烙印。样式雷家族通过对各种园林要素的观察、理解，匠心独运地构建出具有中国民族艺术特色、尊崇自然、蕴含人伦教化、富有诗情画意的写意山水园林。样式雷家族的第三代传人雷声澄参与了乾隆时期清漪园的营建。乾隆皇帝营建清漪园是为了给他的母亲当作寿礼，所以他要求园中一定要体现出"福""寿"的意蕴。雷声澄在园中徘徊了许久也没有想出好的办法。传说他无意间看见一个木匠老头，把一个寿桃放在桌上，手里摇着一把蝙蝠形状的扇

子，看到此情此景，雷声澂立刻有了创作灵感。在得到了乾隆皇帝的认可之后，昆明湖被挖成了寿桃的形状，万寿山被筑成了蝙蝠的形状，这就是著名的福山、寿海设计的由来。样式雷家族的第七代传人雷廷昌主持了颐和园的设计工作，新建的颐和园全面继承了乾隆时期清漪园的造园风格和特色。

颐和园几乎涵盖了中国古典园林的所有元素，其艺术实践和独有的造园理念丰富了人类文明，对于中国古典园林的传承和发展具有十分重要的意义。

1.4　园林文化的体现

"君子比德"是中国古典园林的文化价值取向，"与民同乐"是封建社会公共园林所体现的对仁政文化的追求，"兼济""独善"等思想奠定了古代文人和士人建造园林的设计风格。儒家思想也称儒教或儒学，由孔子创立，最初指的是司仪，后来逐步发展为以尊卑等级、仁为核心的思想体系，是中国影响最大的流派，也是中国古代帝王思想的主流意识。中国古典园林的设计理念根植于中国传统哲学思想，遵循"法天象地""道法自然"等道家思想，造园过程从哲学层面阐述了古人"天人合一"的自然观。"道法自然"是老子的哲学思想，老子认为，"道"虽是生长万物的，却是无目的、无意识的，它"生而不有，为而不恃，长而不宰"，即不把万物据为己有，不夸耀自己的功劳，不主宰和支配万物，而是听任万物自然而然发展着。佛教传入中国后，改变了早期印度佛僧不事农桑、栖居窟龛的生活环境。唐代以来，禅宗佛学所倡导的"心性本净""无所往而生其心"等思想受到士大夫的推崇，影响了文学和园林的发展。寺观园林成为佛教文化载体的艺术空间，佛家所描绘的"佛国净界"，其景象其实是一个园林艺术空间。颐和园将儒、道、释三教思想融入园中，在有限的空间里展示着中国传统文化的真谛和精髓。

△ 颐和赏桂

　　楹联和匾额是颐和园园林文化中的特殊符号，其内容与园内景物联系紧密，联句、额题常撷取经典诗文，状景抒怀，阐发意境的蕴含，往往起到画龙点睛的作用，为文学与书法艺术珍品。中国传统书画对中国园林美学思想及艺术表现手法产生了深远影响，中国山水画论、笔墨、书法艺术的线条，对造园理论和手法的发展起着重要的作用，颐和园的整体布局基本遵循了山水画论的构图原则，将这座园林称为"立体的画"一点也不为过。

　　自古以来，中国的造园者就有意识地将自然界的声音融入园林设计之中，将声音之美与园林环境融合。同时园林也常常作为音乐表演的载体和场所，增加了园林本身的艺术气息。霁清轩建在巨大的岩石之上，岩下有道山涧，建小殿两间扼其源头，名曰"清

△ 桃花迎柳

琴峡"。由后湖引来的一股活水，由此下落 5 米，形成小瀑布，夏天雨后，水声
哗哗，如闻琴响。

△ 后湖美景（赵玉明　摄）　　　　　　　　　　　　　　　　△ 云柱佛香

　　颐和园是中国皇家园林的杰出代表，更是东亚文明的象征。什么是东亚文明
呢？东亚文明的思想基础和核心是中国哲学。战国时期，道、儒、墨、法、名、
阴阳、纵横等百家争鸣。秦代崇尚法家，又盛行神仙之术。汉初，道学盛行，
"无为而治，休养生息"成为国策，到后来汉武帝时儒学开始盛行。六朝隋唐
时，儒、道、佛三家并举，后逐步融为一体。在东亚文明的影响下，逐步形成了
东亚文化圈。在人类历史的不同时期，存在着若干文明与科学的中心。以这些为
内核，出现了若干文化地理板块，叫作"文化圈"。东亚文化圈的基本要素为汉
字、文言文、中国式律令制度、农工技艺、儒家、道教、中国化佛教，这些要素
给东亚诸国的语言文字、思想意识、社会组织结构、生产力发展水平等产生了深
刻影响。中国的疆域相对封闭，为中华文明提供了独立发展的地理环境前提，从
而使中华文明完整地保留了民族传统，绵延不绝。颐和园以其多元的功能深刻地
影响着人们的生活，体现了中国传统的人文精神，是中国传统文化的重要组成部
分。深刻理解颐和园的传统文化因素，必将为中华民族文化的复兴提供巨大的推
动力。

第❷章
勤政办公区

《西湖》（摘选）

[明] 文徵明

春湖落日水拖蓝，

天影楼台上下涵。

十里青山行画里，

双飞白鸟似江南。

2.1　东宫门区域

　　颐和园东宫门区域主要由涵虚牌楼、石桥、影壁、广场、朝房、宫门组成，它们依次沿东西方向排列，为格局严谨、布列有序的一组建筑群。

△《崇庆皇太后万寿庆典》中的东宫门区域

　　颐和园东宫门的涵虚牌楼正面题写着"涵虚"二字，背面刻有"罨秀"二字。"涵虚"意为山高水阔，"罨秀"是可以捕捉、欣赏到美丽景色的意思。山是园林的骨架，水是园林的血脉。山水，在中国人的生活和文化意识中，占有极其重要的位置，向大地求知，寻求理想家园。涵虚牌楼是从东面进入颐和园的第一座建筑，它不仅是东宫门建筑群的起点，而且还起到了引景的作用。建筑的空间构图可使万寿山、佛香阁在牌楼柱枋间形成一幅天然图画，结合牌楼匾额的文学意境，引发人们对颐和园湖山秀色的无尽遐想。

　　月牙河因形似月牙而得名，在它的南、北两侧各设有一座形制相同的一孔白石平桥，长约 12 米，桥两侧各有护栏五块，桥体青石台基，栏板外海棠花，最外

△ 涵虚牌楼

△ 颐和安缦酒店

侧桥翅带抱鼓。南白石平桥东侧为清颐和园外务部公所，现为北京市颐和园管理处；西侧为銮仪卫，这里就是当年慈禧太后从紫禁城来颐和园仪仗队的所在地。北白石平桥北侧为颐和安缦酒店，这里延续了当年明清建筑的体制，将百年前皇室贵胄的私宅生活真实地展现在世人面前。

△ 清颐和园外务部公所石碑（正）

△ 清颐和园外务部公所石碑（背）

　　东宫门前的广场宽 50 米，进深 70 米，南北朝房为悬山式屋顶，面阔五间，为清代群臣候朝之所。广场外正东面还有一座长约 33 米的红色歇山式顶的影壁，展现出颐和园正门的威严气势。

　　东宫门前左边的雄性铜狮用右爪戏弄着绣球，象征权威；右边的雌性铜狮用左爪戏弄着小狮，象征代代相传。狮子起源于非洲东部和南部，汉代作为贡品传入中国。当时狮子这类的珍稀动物都圈养在帝王宫苑内，平常百姓难以看到。狮子的传入动摇了传说中虎的威信，逐渐被人们视为辟邪瑞兽。加之佛教对狮子大为推崇，因此狮子也随着佛教扎根于民间，并被视作"百兽之王"。狮子虽不在中国起源，但中国却有着独特的狮文化，每逢佳节，全国各地都有舞狮活动。其中"双狮戏绣球"的舞蹈，寓意生生不息、家族兴旺、社会繁荣。在吉祥图案中

△ 东宫门

的"狮子滚绣球"，也具有同样的寓意。狮子的形象还经常出现在佛教的经典文献和佛教造像中，智慧佛文殊菩萨就以狮子为坐骑，从而给狮子增添了吉祥的含义。

△ 颐和园匾

　　东宫门面阔五间，门檐上高悬着光绪皇帝亲题的"颐和园"金字匾，匾上镌刻五方印章，分别为"光绪御笔之宝""慈禧太后御览之宝""数点梅花天地心""和平仁厚与天地同意""丽日春长"。匾额四周环绕着九条金龙，所以称之为"九龙金匾"，又称"闹龙金匾"，这块匾是颐和园所有匾额中规格和等级最高的。"颐"为保养、修身养性之意；"和"为顺，心平气和；"颐和"二字则为保养性情，使人心平气和，以求延年益寿。

　　与匾额上下呼应的是一块"二龙戏珠"的云路石，俗称"龙垫儿"。两条飞龙雕刻得精细逼真，上面为升龙，下面为降龙，升中有降，降中有升，这两条龙仿佛就要挣脱石壁的束缚冲天而去。东宫门正中的大门是皇权至高无上的象征，当年只供皇太后、皇帝和皇后通行，其他人只能走正门两旁的小门。

　　进入东宫门内，是一处进深不大的庭院，院内浓荫匝地、古柏森然。南、北两侧各有九间房屋，是清代六部九卿值班的地方，故称南北九卿房。

2.2 仁寿殿

　　仁寿门上悬有用满、汉两种文字书写的匾额，门前南北各放置一块造型奇特的怪石。这两块置石是以石材布置成自然露岩景观的造景手法，用以点缀仁寿门前的空间，运用简单的形式，体现深远的意境，达到"寸石生情"的艺术效果。

△仁寿门

△四季石

　　进入仁寿门，迎面而立的是一块玲珑剔透的太湖石，观其外形如同一扇屏风，挡住了游人的视线，使人们不会一进门就对园内的景色一览无余，这是中国造园艺术中的一种手法——"障景法"。因为中国的园林讲究层层展开、引人入胜，最忌讳一览无余，所以在空间景物的设置上也常常欲扬先抑、欲露先藏。这块巨石因形状似寿星，故得名"寿星石"。太湖石因产地不同有南北之分，南太湖石主要产于江苏省太湖流域，由于水的长期侵蚀作用，在其表面形成了许多大小不一的涡洞和孔隙，这就使其具有了"瘦、皱、透、漏"的特点，为历代帝王和文人所喜爱。"瘦"是指石头的外形虽大，但并不臃肿；在表面形成丰富的天然纹理就是"皱"；"透"是说孔洞之间有相互连通的孔道；而这一个个孔洞也就是"漏"了。在中国古典园林

△寿星石

中一向有"无园不石"的说法，这些千奇百怪、形态各异的太湖石是堆砌假山、点缀园林的名贵石料，也是中国古典园林构成要素之一。大家请看，在广场四周还依次摆放着南太湖石的代表，象征春、夏、秋、冬的四季石，此石原位于圆明园文源阁遗址，1936 年由北平市文物整理实施事务处批准从清华大学迁至颐和园并安置于此，其中西南角太湖石上刻有乾隆九年（1744 年）御制诗："林瑟瑟，水泠泠，溪风群籁动，山鸟一声鸣。斯时斯景谁图得，非色非空吟不成。"

　　说到园林的构成，植物也是重要的组成部分，尤其是在皇家园林中，植物的配置也有其特殊的寓意。不知您是否留意我们一进入东宫门，院落中种植的都是柏树，在封建社会时期柏树代表"臣"，因为当时那里是大臣们办公的地方，种植柏树是理所当然的了。而这里是天子朝政区域，院内则栽种了象征"君"的松树。北侧的一组植物配置很有意思，两棵楸树分别静立在一棵松树的两边，楸树象征士大夫，它们寓意着帝王率领群臣共同商议国家大事。植物是自然环境的主体，是重要的风景资源。植物配置，可创造一个充满生机而优美的生态环境。在园林景观中，花木以绿色为基色，更有万紫千红的变化，如江南有四时不谢之花，分别显示不同的季节；花果树木春华秋实，盛夏则绿叶成荫满枝梢；而落叶树的形、色，也随同季节变化而变化。春发嫩绿，夏被浓荫，秋叶胜似春花，冬季枯木寒林，表现季相更替。花木优美的姿态及自然的线条，形成了丰富的园林景观，如梅花"以曲为美，直则无姿；以欹为美，正则无景；以疏为美，密则无态"、垂柳"轻盈袅袅占年华，舞榭妆台处处遮"，体现了不同的景观风格。

△ 麒麟

△仁寿殿

在仁寿殿广场正中的汉白玉须弥座上有一尊铜制的怪兽，我们一般称它为"麒麟"。它生有龙头、鹿角、狮尾和牛蹄，遍身鳞甲，带有火焰纹。虽然在现实生活中并没有这种动物，但古代工匠们却把它塑造得栩栩如生，它象征着吉祥富贵，每逢它的出现，就预示着国泰民安。广场中央的这尊铜麒麟整体呈坐蹲式，前肢直立，后肢弯曲，全身饰鳞片，头部铸有"大清乾隆年制"六个铸文。

这座雄伟的殿宇就是当时颐和园的政治统治中心——仁寿殿。它始建于乾隆十五年（1750年），原名勤政殿，当初乾隆皇帝规定，所有皇家御苑中临朝的政殿都叫勤政殿，意思是告诫帝王游园时不要忘记勤理政务。嘉庆皇帝在《勤政记》里写道："君勤则国治，怠则国危。"也就是说理政勤不勤是关系到皇帝宝座稳不稳的问题。慈禧太后复建颐和园时将此殿改名为"仁寿殿"，这个名字来源于孔子《论语》中"仁者寿"的语句，实际上是为皇权歌功颂德，认为施仁政者可以长寿。当年慈禧太后一生最大的愿望就是长生不老，因此在仁寿殿内外还增添了不少象征长寿的装饰品。殿内高悬的"寿协仁符"匾额下有一面玻璃镜面的屏风，上面用不同的笔法书写了226个"寿"字。西墙的南、北两侧悬挂着两幅巨大的书法作品，洒金纸上的100只蝙蝠衬托的也是一个笔力遒劲的"寿"字。寓意"百福捧寿"，据说这个字还是慈禧太后御笔亲题的呢！仁寿殿是一座典型的卷棚歇山顶建筑，屋面覆盖着圆形的筒瓦，每组筒瓦的瓦心镌刻的还是"寿"字，屋顶的"寿"字加起来又有412个，慈禧太后在这里用了近千个"寿"字来表达她对长寿的渴望，可谓用心良苦。

现在仁寿殿内基本上是按光绪时期的原状陈列，正中的地平床上设有紫檀木精雕宝座和御案，四周设有掌扇和香炉。每当慈禧太后早朝时，点蜡烛的鹤灯、烧檀香的鼎炉、烧藏香的龙抱柱就要全部燃点起来，制造出一种灯火通明、香烟缭绕的威严气氛。中国近代史上发生的一些重大事件，如戊戌变法的开端与失败、镇压义和团运动的敕令和诏书、诸多丧权辱国条约的酝酿和签订，都是在这里炮制、议定和批准的。

　　仁寿殿外的月台上成对摆放着铜龙、铜凤和太平水缸。龙、凤是封建王朝皇帝和皇后的象征，它们的形象美丽而奇特。龙集中了许多动物的特点：鹿角、牛头、蟒身、鹰爪、鱼鳞，传说它能巨能细、能幽能明，能兴云作雨、降伏妖魔，是英勇、权威和尊贵的象征，现在中国民间仍把龙看作神圣、吉祥之物。凤在远古图腾时代被视为神鸟而备受崇拜，它头似锦鸡，身如鸳鸯，有大鹏的翅膀、仙鹤的腿和孔雀的尾，被称为"百鸟之王"，它作为封建王朝最高贵女性的代表，与象征帝王的龙相配，称为"龙凤呈祥"。凤又是传说中能给人们带来和平、幸福的瑞鸟，所以它美丽的形象一直在民间广泛流传和应用。这里的龙、凤造型生动、栩栩如生，在当时是用来燃点檀香的香炉。

△ 仁寿殿后门

△ 仁寿殿前铜龙、铜凤

△ "天地一家春"铭文

太平水缸是园内用于防火的用具，讲到这里也许您会问："北京的冬天天气很冷，如果缸里的水结了冰怎么办？"其实，聪明的工匠早就想到了这一点，您看，水缸下面的石头基座上有一个开关，里面是一个空槽，冬天就会有人将木炭放在里面燃烧，给水缸加温，这样缸里的水就不会结冰了。

不知大家有没有发现在铜龙、铜凤、太平水缸上均铸有"光绪年制"的铭文，而在它的上面还有"天地一家春"五个字，这是什么意思呢？原来这五个字就是慈禧太后的象征，这是因为慈禧太后的发迹地就是圆明园的"天地一家春"，在这里她得到咸丰皇帝的宠幸，并由此怀上了同治皇帝，可以说慈禧太后对此地难以忘怀。不知大家注意到没有，"天地一家春"恰巧在"光绪年制"之上，这也显示出她当时在清王朝皇权中至高无上的权势。据说，慈禧太后曾让工部找来了当年"天地一家春"的建筑烫样，本想在颐和园里再建一座一模一样的。可是，当时的清王朝国库实在太空虚，再也拿不出多余的银两，可她又对"天地一家春"念念不忘，于是心生一计，在匠人们铸造青铜器的时候，特意下了一道懿旨，在器物上都铸刻上"天地一家春"大印，以纪念那段难忘的日子。

仁寿殿汉白玉月台前边的四座圆形束腰石座还分别陈设有通高1.79米的铜铸鼎式香炉，其外形为三足六角亭式，炉腹饰饕餮纹，耳两侧饰回纹，正面铸有"大清乾隆年造"。

仁寿殿南、北配殿形制相同，均为卷棚歇山式屋顶，面阔五间，有后罩房及前后廊，为外国公使为等候慈禧太后在仁寿殿接见的场所；此外，每年正月的时候，这里还是举办廷臣宴的地方。仁寿殿北面有一口专供慈禧太后寿膳房专用的水井，传说井里的水甘甜清澈、非常可口，据说喝了这口井里的水可以延年益寿，这口井也因此而得名。据说当年慈禧太后在颐和园居住期间必饮此水，须由太监每天到延年井来打水，专供慈禧太后饮用。这口井原来有座井亭，在井亭旁设有值房，有专门的太监常年看守此井。在这里我再给大家讲一讲宫廷用水。就水质而言，玉泉山之水当属上品。乾隆皇帝曾将国内的几处名泉加以评比，认为"水之德在养人，其味贵甘，其质贵轻。然三者正相资，质轻者味必甘，饮之而蠲疴益寿，故辨水者恒于其质之轻重分泉之高下焉"。为此特制银斗较之，"京师玉泉之水斗重一两，塞上伊逊河之水亦斗重一两，济南珍珠泉水斗重一两二厘，扬子江金山泉水斗重一两三厘，则较玉泉重二厘或三厘矣，至惠山、虎跑则各重玉泉四厘，平山重六厘，清凉山、白沙、虎丘及西山之碧云寺各重玉泉一分……"评比结果是，玉泉的水质最轻，由于水的含铁量和杂质较少，溶有一些气体如二氧化碳之类，既轻又甘甜可口，故命名为"天下第一泉"。经过皇帝的亲自品评和赐名，玉泉山的"玉水"更是身价百倍，被专门指定为宫廷饮用水，每天运入内廷 80 罐，其中四分之三供应各宫的茶房，其余则交膳房。

　　牡丹常被称为"富贵花"，它是花中之王，自唐代以来，牡丹就深受民间的喜爱。慈禧太后也极爱牡丹，所以在仁寿殿南、北两侧的国花台也遍植此物，这里的牡丹产自洛阳，每年四月底竞相开放。不知大家知不知道，在光绪时期颐和园就有专供园内照明的电灯公所，位置就在仁寿殿南国花台南。

△ 延年井

第3章
生活居住区

《夜宿功德寺次宗贤韵》

[明] 王守仁

山行初试夹衣轻，脚软黄尘石路生。

一夜洞云眠未足，湖风吹月渡溪清。

水边杨柳覆茅楹，饮马春流上一亭。

坐久遂忘归路夕，溪云正泻暮山青。

🌸 3.1　玉澜堂

　　玉澜堂始建于乾隆十六年（1751 年），在清漪园时期这里曾是一处书斋，乾隆皇帝曾在此召见词臣饮宴赋诗。"玉"指的是水的晶莹剔透，"澜"指的是水泛起的波澜，"玉澜"二字出自晋代陆机的诗句"玉泉涌微澜"。昆明湖水源于玉泉山，因此"玉澜堂"的命名十分贴切。玉澜堂是一座典型的四合院落，正殿玉澜堂，东配殿霞芬室，西配殿藕香榭，各个建筑之间由彩绘游廊相连通。咸丰十年（1860 年）玉澜堂被毁，光绪十二年（1886 年）此建筑按原样复建，成为光绪皇帝居住在颐和园的寝宫，"此堂明爽胜宫中"就是光绪皇帝对这里的评价。

△《崇庆皇太后万寿庆典》中的生活居住区

　　光绪二十四年（1898 年），光绪皇帝在康有为、梁启超等维新志士的支持下进行了一次大刀阔斧的改革变法运动，因为这场运动是在"戊戌"年发起的，所以被后人称为"戊戌变法"。戊戌变法触动了以慈禧太后为代表的皇族势力的利益，再加上光绪皇帝没有真正地掌握军权，因此这场变法只持续了 103 天就以失

△玉澜堂

败而告终了。从此光绪皇帝就被囚禁在玉澜堂，为了不让他与外界接触，慈禧太后命人把玉澜堂通往宜芸馆的通道封堵了，藕香榭和霞芬室内也各自砌了一堵墙，光绪皇帝的活动范围也就只能在这个玉澜堂的小院子里，这里和中南海的瀛台成为这位改革皇帝的两处囚禁场所。

戊戌变法期间，光绪皇帝曾在玉澜堂秘密召见袁世凯，随后谭嗣同到袁世凯的住所法华寺内，劝说其诛杀荣禄，老谋深算的袁世凯当即表示杀荣禄如同杀一条狗，表现出对变法的坚定支持；但在谭嗣同离开后，袁世凯却连夜赶到天津向荣禄告密，荣禄得知此事后立刻向居住在颐和园的慈禧太后汇报，慈禧太后得知此事后大怒；最后她用光绪皇帝的名义发布上谕，结束了这次自上而下的变法。颐和园是这次变法维新全过程的见证地，如同戏剧一般让人久久深思。

△狮子林

夕佳楼

玉澜堂后面的院落是游赏性质的庭院，庭院中满布假山，以"狮子林"作为主景。庭院西侧两层的夕佳楼与昆明湖相邻，夕阳西下，登楼眺望西山晚霞，颇有"山气日夕佳"的意境。玉澜堂整组建筑沿用了清漪园时的名称，布局和形式保持了乾隆时期的原貌。

3.2　宜芸馆

宜芸馆建筑群建于乾隆十九年（1754年），由宜芸门、宜芸馆、近西轩、道存斋及游廊组成，是乾隆皇帝藏书、读书之所。"芸"字指的是芸草，这种草有防虫的功能，所以古人经常用这种草当作书签，可以避免书里生虫，宜芸馆的命名与它的实际功能是多么的贴切。值得一提的是，在宜芸门内侧廊壁上还嵌有十块乾隆皇帝摹写历代书法名家法帖的石刻，更加增添了这里的书香气息。

光绪年间，这座建筑成为光绪皇帝的皇后隆裕居住的地方，同时这里也见证了清王朝的终结。在《清史稿》中是这样记载隆裕太后的："德宗孝定景皇后，叶赫那拉氏，都统桂祥女，孝钦显皇后（慈禧太后）侄女也。"光绪十四年十月，孝钦显皇后为德宗聘焉。十五年正月，立为皇后。二十七年，从幸西安。二十八年，还京师。三十四年，

△宜芸馆

宣统皇帝即位。称"兼祧母后"，尊为皇太后。上徽号曰"隆裕"。宣统三年十二月戊午，以太后命逊位。越二年正月甲戌，崩，年四十六。上谥曰孝定隆裕宽惠慎哲协天保圣景皇后，合葬崇陵。

隆裕皇后是慈禧太后弟弟桂祥的女儿，因此她成为光绪皇帝的结发妻子，但终身没有得到过光绪皇帝的丝毫宠爱，光绪皇帝驾崩后她成为大清国最后的皇太后。1912 年 2 月 12 日（宣统三年十二月二十五日），刚刚 6 岁的宣统皇帝奉垂帘听政的隆裕太后的懿旨下诏《清帝逊位诏书》，从而一举打破了中国社会南、北双方分裂敌对的政治僵局，实现了中华民国形式上的统一。政治学家高全喜在《立宪时刻》一书中，把《清帝逊位诏书》的颁布称为"中国版光荣革命"。1688年，英国资产阶级和新贵族以一场没有流血冲突的"光荣革命"推翻了詹姆斯二世的统治。作为大清王朝事实上的最高统治者和终极责任人，隆裕太后是"中国版光荣革命"的终极决定者，而签署这份诏书的隆裕太后在颐和园的居住地点就是宜芸馆。

3.3 乐寿堂

乐寿堂始建于乾隆十五年（1750 年），原建筑为两层，建筑形制与紫禁城内宁寿宫中的乐寿堂相同，意大利人郎世宁曾按照乾隆皇帝的旨意为这里的游廊设计起草画稿。光绪十二年（1886 年），重建后的乐寿堂变成了平面呈"十"字形的一层建筑。

△乐寿堂院落

△乐寿堂门海

现在的乐寿堂是一组前后两进、左右各带跨院的四合院式建筑群，水木自亲殿为其正门。四合院是由东、西、南、北四面房子围合起来形成的内院式住宅，老北京人称它为"四合房"。中国的四合院式建筑有非常悠久的历史，迄今为止

水木自亲殿

发现最早的四合院式建筑是陕西歧山凤雏村西周遗址，由此可知，四合院在中国已经有2000多年的历史了。元代以后，这种建筑形式有了进一步的发展，被运用到皇家建筑中。乐寿堂就是其中一个最好的实例，从建筑外观上看，它虽没有大家想象中的那样金碧辉煌，但中国古建筑的木构架利于采光、通风，夏天满院支搭凉棚，冬天屋内烧地炕，冬暖夏凉，非常适于居住。这里不仅生活舒适，而且交通十分便捷，往东可以到德和园听京剧，往北可以登山到景福阁观雨，往西能到长廊中漫步，往南可以乘坐御舟游览昆明湖。难怪慈禧太后的贴身宫女曾说："在京师，最美的景色在颐和园，而颐和园内最好的地方当属乐寿堂。"

慈禧太后又是何许人也呢？她姓叶赫那拉，生于道光十五年（1835年），满族镶黄旗人，父亲惠征曾做过安徽徽宁池广太道的道台。她16岁时被选秀入宫，封为贵人。贵人在清朝后宫内廷中的级别并不是很高，但由于她善于笼络宫内人员，又得到咸丰皇帝的宠爱，并在此期间生下了咸丰皇帝唯一的儿子爱新觉罗·载淳，所以在短短的几年中，她很快先后晋升为嫔、妃、贵妃，地位仅次于皇后。咸丰十一年（1861年），正值壮年的咸丰皇帝突然病故，年仅6岁的爱新觉罗·载淳登基称帝，作为新君的生母，慈禧太后联合恭亲王发动辛酉政变，除掉了以肃顺为首的咸丰皇帝顾命八大臣，从此开始了她将近半个世纪之久的垂帘听政的统治生涯。慈禧太后晚年的大部分时间都是在颐

△慈禧太后画作

和园中度过的，有人曾把她在颐和园中的寝宫乐寿堂看作是晚清国家权力的中心，其政治影响力甚至超过了当时的紫禁城。

△乐寿堂内景

△乐寿堂起居室

乐寿堂的正殿大体可以分为五个部分，包括慈禧太后的起居室、茶点室、卧室、更衣室和批阅奏折的地方。殿内陈设基本上保持了慈禧太后居住时的原貌，起居室的正中摆放着紫檀木雕花宝座，宝座四周陈列着象征九九重寿的铜制香炉。此外，宝座两边还放置用来盛放水果的青花瓷盘，当年慈禧太后除了常用香料熏染空气之外，还非常喜欢新鲜水果散发出来的自然果香，因此盘中的水果不是用来吃的，而是用来闻香的。古人照明使用的大多是蜡烛，而慈禧太后在晚年却用上了电灯，房顶悬挂的这盏华丽的吊灯，安装于光绪二十九年（1903年），据说这是中国最早使用的电灯。乐寿堂前对称地摆放着铜鹿、铜鹤、铜瓶等宫廷小品，取"鹿、鹤、瓶"的谐音，寓意"六合太平"。

△乐寿堂前陈设

　　当年，慈禧太后的日常起居非常有规律。早晨起床后，她先在殿内批阅奏章，然后去仁寿殿上朝，宫中叫"见起"。下朝回来才是早餐时间，过去帝后用餐叫"传膳"。清代帝后的饮食保留了满族人特有的生活习惯，不是像现在这样一天三顿饭，而是一日两顿正餐。早膳一般在卯正二刻，即早晨六点半进行；晚膳在午正二刻，即中午十二点半进行。但是根据服侍过慈禧太后七八年的贴身宫女回忆，慈禧太后一般在上午十点半左右用早膳，时间已如同民间的午饭了，而晚膳通常在下午五点左右进行。精美的食品、丰盛的席宴，是清代帝后晚宴的一大特色。据记载，当年慈禧太后每餐必有 120 多道菜，所用的餐具多是用金银、玉翠及官窑烧制的稀瓷和名盏。慈禧太后在乐寿堂用膳时是在起居室的东边临时设三个餐案，由负责摆放膳食的太监上菜，并插上银牌，以防有毒，而且所有的菜品都要先由随侍的太监尝一遍，宫里称为"尝膳"。当年为帝后制作膳食各有专门的机构，为慈禧太后制作膳食的地方叫寿膳房。其中的御茶房供应各种茶水、奶茶；药膳房制作可医治某些病症的药性饮食。下午的时间慈禧太后大多用来休闲，晚上睡觉时，殿外都有整夜值勤的太监，殿内的床前和外间还各有四个宫女通宵达旦地陪伴。

△ 青芝岫（正）

△ 青芝岫（背）

　　在这个宽敞的院落中，叠石造景、植树栽花，是过去帝后充分享受大自然赐予的这片美好天地的又一大乐事。这块巨大石峰产自北京房山的大石窝，是北太湖石的杰出代表。这块孤石不但在造园技法中能起到障景的作用，而且还有一段鲜为人知的故事。据说，明代有一位太仆叫米万钟，他一生都酷爱收集各种石头。当他在北京房山发现这块石头时，原打算把它运往勺园摆放，但是由于这块石头石形巨大，运送时间较长，最终因耗尽家财，米万钟不得不放弃这个计划，将它丢弃在良乡郊外。100 多年以后，乾隆皇帝在去清西陵扫墓的途中，偶然发现了这块石头，非常喜爱，就下令将它运往京城，摆放在乐寿堂院落内。但是当时乐寿堂的正门已经建成，而且只有 1 米多宽，于是他下令拆门运石。当时乾隆皇帝的母亲还为此大发雷霆，说："既败米家，又破我门，其石不祥。"但是乾隆皇帝却对它情有独钟，还亲自将它命名为"青芝岫"。

这里的植物配置也是非常有特色的，不仅充分体现了皇家园林庭院种植的特点，而且与中国传统文化密切相连，具有丰富的文化内涵。院中现在种植有玉兰、西府海棠，当年还有牡丹，它们共同寓意着"玉堂富贵"的美好祝愿。当年颇具园林艺术修养的乾隆皇帝把玉兰这种难耐北方寒冷的植物移植到这里。玉兰花开时色白如玉、花香似兰，因此获得了"玉香海"的美誉。只可惜乾隆时期的玉兰多毁于咸丰十年（1860年）和光绪二十六年（1900年）的两次大劫难，只有两棵幸免于难。其中的一棵紫玉兰栽植在后院，另一棵白玉兰在长廊的入口处。乐寿堂的环境非常适合玉兰的生长，北面的寒风有万寿山的遮挡，南面有充足的阳光照射，昆明湖散发的湿润空气对玉兰的生长也非常有利。每年的三月下旬至四月中旬，当北京其他地方的玉兰日渐凋零的时候，这里的玉兰却是满树玲珑、花香四溢，慕名前来的游客络绎不绝。颐和园现有古树1607株，其中一级古树97株，被喻为见证历史的"活文物"。

乐寿堂西跨院是一处小型园林庭院。院中以山、水为骨架，再加上形似满月的洞门、造型别致的荷池、沿池曲折的朱栏、依山婉转的园墙，酷似江南园林景色。院中土坡正北侧有一座坐北朝南扇面形的殿宇扬仁风，此殿名出自《晋书·袁宏传》，讲的是袁宏被朝廷派往某地做官，临行时，谢安赠给他一把扇子，意为让其奉扬仁风，抚慰百姓，后传为佳话。

3.4 永寿斋

乐寿堂的东跨院是慈禧太后的宠信太监李莲英的住所，始建于光绪十七年（1891年）。永寿斋为一独立院落，由正殿、前殿、东配殿、耳房及跨院组成，东墙有长方形后门可直通万寿山，西墙有垂花门与乐寿堂相通，南面八角屏门可自由出入。

△永寿斋匾

太监居然能在皇家御园颐和园中有一所固定的住所，其得宠程度可见一斑。清代时期朝廷有严格的规定，太监最高只能授予四品官位，可是慈禧太后却破格提拔李莲英，让他成为二品官，这是明显的破例，从这里也可以看出慈禧太后在当时的清王朝已经成为说一不二的实权人物了。"永寿"就是永远长寿的意思，也许暗示了李莲英希望慈禧太后永远统治清王朝的愿望。

太监究竟是什么呢？太监原指宦官中的高级官员，现指古代被阉割生殖器后失去性能力、专供古代都城皇室役使男性中的官员。关于太监的起源，中国早在殷商就有，当时叫"寺人"，据专家考证，甲骨文中已有明确的相关记载。宦官制度起源于先秦时期，《诗经》《周礼》《礼记》中都有关于宦官的记载。周王朝及各诸侯国大多设置了宦官。秦汉以后，宦官制度更加详备，宦官作为一种特殊的政治势力，对中国许多朝代的政局产生过重大影响。清代规定：宦官归内务府管辖，具体由敬事房管理，敬事房亦称宫殿监办处，设总管、副总管等职。康熙时期总管宦官为五品，雍正时期改成四品，光绪时期再改为二品。

有人说清代的半壁江山都毁在李莲英一人的手里，其实李莲英只不过是慈禧太后跟前的忠奴而已，若跟明代的刘瑾、魏忠贤等权监相比，李莲英的所作所为真的算不上什么。李莲英虽然成为慈禧太后面前的大红人，可他遇事依旧谨小慎微，和权臣接触从不多说半句话，对于地位一般的妃嫔宫娥、女官命妇，即便她们有了舛错，惹慈禧太后不高兴，李莲英也总是尽量替人美言遮盖、曲意回护，所以在慈禧太后左右人人对他都有好感，说李莲英是个干练敏实、溢美隐恶的好人。

🌸 3.5　德和园

德和园是清代末期慈禧太后和光绪皇帝来颐和园期间听戏的场所。"德和"二字出自《左传》中的"君子听之以平其心，心平德和"。这句话的意思就是：君子听了美妙的音乐就会心平气和，道德自然就会高尚了。

德和园主要由园门、大戏楼、东西看戏廊、颐乐殿、庆善堂等建筑组成，建立在原清漪园怡春堂遗址的废墟之上。这组建筑从光绪十七年（1891年）开始兴建，到光绪二十一年（1895年）完工，历时四年，共花费71万两白银，是当时颐和园的大型工程之一。1984年，德和园以清代古装服务的形式

△扮戏楼

△故宫畅音阁烫样

正式对外开放。

满族旗人妇女一般身着绣花旗袍，头梳两把头，足穿木底鞋，这种鞋的特点是在鞋底中间脚心部分有一个高出10厘米左右的木底高跟，其形状有的像花盆，称"盆底鞋"，有的像"马蹄"，称"马蹄底鞋"。鞋底、鞋帮均绣有各种图案的花纹、花卉和吉祥语。鞋面有缎和纱，做工精湛，穿上这种鞋，据说是为了掩盖满人的天足，同时也可在视觉上增加人的身高，使人挺胸抬头，从而显得体态修长、精神饱满、姿态优雅。不知大家知不知道，清代满族妇女有这样一个传统习俗，就是一耳戴三件耳饰。由于她们把环形穿耳洞式的耳环称为钳，所以后妃们穿朝服时要一耳戴三钳，宫里选秀女也要先派人验看耳上是否戴三钳。乾隆十四年（1749年）选秀女时发现有的满族女子效仿汉人的风俗习惯一耳戴一坠子，乾隆皇帝下令禁止。如果今天您走在大街上发现有一耳戴三钳的女子，也许她就是满族人的后裔。简单介绍完清代的服饰后，让我们来参观德和园的主体建筑——大戏楼。

颐和园德和园大戏楼、承德避暑山庄福寿园清音阁、故宫宁寿宫畅音阁和圆明园同乐园清音阁合称为清代皇家四大戏楼，其中颐和园德和园大戏楼是所有戏楼中最大的一座。唐代诗人杜牧在《阿房宫赋》中这样形容秦始皇所建的阿房宫："廊腰缦回，檐牙高啄；各抱地势，钩心斗角。"用这句话来形容德和园大戏楼一点也不为过。

大戏楼高21米，分上、中、下三层。其中底层舞台宽17米，设有专供演鬼怪的演员钻进钻出时使用的地井，天花板上还设有七个天井，顶部装有轳辘绞车和升降机关，可以用绳索将演员从天井吊下来，表演神仙从天而降的情景，给人一种出神入化、变幻莫测的感觉。在舞台底部设有一口井和五个方形的蓄水池，当

△远观大戏楼

戏中需要水景时就会引活水上台，如金龙喷水、水漫金山寺等戏曲场面，会出现非常壮观的水景场面。同时水井还起到了聚音的作用，以增加演出的共鸣效果。在这里唱戏，字音清楚，声音也显得洪亮。三层大戏台的结构特点是舞台的面积大、层数多、设地下层、有特殊的设备、三层台面上都可饰演大戏。建筑的规模宏大、结构繁复、功能齐全，反映出中国戏楼在形式

△大戏楼

上的飞跃发展和建造水平。德和园大戏楼是中国封建社会最后一座古戏楼，涵盖着中国古代戏楼的建造历史、建筑艺术、演剧活动等内容，在中国戏剧及建筑历史上占据着特殊的地位。

有人曾评价德和园大戏楼是京剧的摇篮，这里确实与京剧有着不解之缘。清代后期的最高统治者普遍有爱看京剧的习惯。据说，清兵在入关之前，开国之主爱新觉罗·努尔哈赤对待战俘就曾有优待戏曲演员的政策。据史料记载，为了庆祝乾隆皇帝八十寿辰的万寿庆典，四大徽班在乾隆五十五年（1790 年）进京献艺，震动了当时京城的梨园界；所谓徽班，是指由安徽商人投资组成的昆曲戏班，京剧的孕育就是从徽班进京开始的。清代末期，慈禧太后经常让社会上许多京剧名演员如谭鑫培、杨小楼、王瑶卿等进宫表演，并给予各种支持，从而使京剧这门艺术得以完善和发展。

△颐乐殿内景

△看戏廊

颐乐殿是慈禧太后看戏的场所，光绪皇帝、隆裕皇后则坐在殿外廊上陪看，

东、西两廊则是慈禧太后赏赐王公大臣看戏的地方，殿前两翼支搭了幔帐，从而王公大臣只能从侧面看戏，不能直视君王。每逢慈禧太后的万寿庆典，整个院落高搭彩棚，上、中、下三层京剧演员同时献艺，蔚为大观。慈禧太后看戏时间很长，多是早晨来，并在这里进早膳、午膳。慈禧太后可以说是一位超级"戏迷"，她不仅爱听、爱看，而且爱唱、爱评论。她看戏时，一边看台上演出，一边对照眼前的"串贯"。"串贯"是宫内一套非常详细的总讲，外边极难看到。每出戏都有一本"串贯"，像剧目名称、演出时间、人物扮相、唱词念白、板式锣鼓、武打套数、眼神表情、动作指法、四声韵律等，都写得清清楚楚。慈禧太后就是按照这个"串贯"来要求演员的，据说当时宫中关于看戏的规矩也很多，即使一个眼神、动作都十分严格。

200 多年来，京剧这门艺术迅速发展且日益完善，逐渐成为中国的国剧。俗话说得好，"宫中不好，民间不要"。京剧来源于民间，从民间传入宫廷，再由宫廷回归到民间，这与清代末期宫廷特别看中京剧有很大的关系，德和园大戏楼正是这种历史背景下的产物。可以说京剧经过多年的演变，最后成为一个完美的剧种，就是在德和园大戏楼完成的，这里不愧是京剧发展的摇篮。

中国古典戏曲剧目中，有相当一部分描写的是男女爱情的悲欢离合，而优美的园林环境作为戏曲中经典的表现场景，符合戏曲创作者表达情感的需求，因而戏曲中每每有园林出现，将成为故事情节发展的重要场所。园景和曲情在这里交相辉映、珠联璧合、相得益彰。由此，戏曲和戏台建筑也成为园林文化的重要组成部分。清代作家李渔在其著作《闲情偶寄》中对中国传统戏曲和园林艺术提出了许多独特的见解，他认为园林讲究布局结构，而戏曲也应该像园林一样，直露中要有迂回，舒缓处要见起伏。李渔所强调曲折之致的理论，道出了东方美学的特征之一。如同名角，正戏上场之前，总得让观众经历一番小戏、龙套、配角的过场，在千呼万唤中方才登台，一上台便是惊艳的亮相，博得阵阵喝彩。而在园林的入口处，要么有假山遮挡，时隐时现，要么是曲径通幽、起伏错落，使得人们在急切盼望中，经过一番曲折最终到达目的地时，由衷地赞叹不枉此行。正如清代沈复在《浮生六记·闲情记趣》中所说："大中见小，小中见大，虚中有实，实中有虚，或藏或露，或浅或深，不仅在周回曲折四字也。"这些都体现了园林与戏曲等传统艺术的相通之处。

自唐代起，"梨园"就成为歌舞教习场所的代名词，中国的第一座皇家戏曲学校就诞生于园林之中。据《新唐书·礼乐志》中记载："玄宗既知音律，又酷爱法曲，选坐部伎子弟三百，教于梨园。声有误者，帝必觉而正之，号皇帝梨园弟子。"《霓裳羽衣曲》正是唐玄宗指挥梨园弟子创作的代表曲目，这位皇帝也因此被戏曲界供奉为祖师爷。虽然梨园的具体位置在史学界仍有争议，但在园林之中设置戏班，培养梨园弟子的习俗一直延续至清代，颐和园升平署就是其中的杰出代表。

　　"原来姹紫嫣红开遍，似这般都付与断井颓垣。良辰美景奈何天，赏心乐事谁家院？"正如明代汤显祖的戏剧《牡丹亭还魂记》中所说，"良辰、美景、赏心、乐事"被称为人间四美，而在优雅的园林环境中听京剧亦为雅事。

△ 颐和园升平署

第 **4** 章
风景游览区

《赠瓮山无方上人》

[清] 郑板桥

山裹都城北，僧居御苑西。

雨晴千嶂碧，云起万松低。

天乐飘还细，宫莎剪欲齐。

菜人驱豆马，历历俯长堤。

4.1　万寿山

万寿山为燕山余脉，高 58.59 米，海拔 108.94 米，南临昆明湖，北环后溪河，整座山的东、西两坡舒缓对称，遍植松柏。

万寿山的山体在金、元时期因山麓魁大、凹秀似瓮形被称为瓮山。又一说法，常见于古代笔记："有一老父在凿山时掘到一个石瓮，大于常瓮数倍，瓮上雕刻着怪异的花纹，瓮中藏着数十件物品，老父拿走了瓮中的所有物品，而把瓮留在了山的西面，此山因瓮而得名瓮山。"瓮山的地理环境，在京西北郊一带占据了得天独厚的优势。古籍中记述："瓮山在都城西三十里，清凉玉泉之东，西湖当其前，金山拱其后。山下有寺曰圆静，寺后绝壁千尺，石蹬鳞次而上，寺僧淳之晶庵在焉。然玩无嘉卉异石，而惟松竹之幽，饰无丹漆绮丽，而惟土垩之朴。而又延以崇台，缭以危槛，可登可眺，或近或远，于以东望都城，则宫殿参

△镜像万寿山

雪后万寿山

差，云霞苍苍，鸡犬茫茫，焕乎若是其广也。西望诸山，则崖峭岩窟，隐如芙蓉，泉流波沉，来如白虹，渺乎若是其旷也。至是茂树回环，幽荫翁蔚，坳洼渟潆，百川所蓄，窅乎若是其深者，又临瞰乎西湖者矣。"据此可知，古时瓮山所处的地势之胜，山前有湖光澄碧的西湖，西有峰峦苍翠的玉泉山。登上瓮山，远可以东眺都城、西望群峰，近可以左俯绿野、右瞰平湖。

△万寿山石   △万寿山路

清初，这里曾是宫廷养马的草料场。乾隆十六年（1751 年），经过大幅改造的万寿山终成"三山五园"地区的景观核心。

4.2 昆明湖

从古至今，水历来都是不可缺少的、极富魅力的园林要素。古人称水为园林中的"血液""灵魂"。古今中外的园林，非常重视对于水系的运用。在各种风格的园林中，水系均有不可替代的作用，几乎是"无园不水"。颐和园的前身叫清漪园，"清漪"二字指的是清澈的湖水泛起层层的波纹。可以说，水就是颐和园的主体。

放眼昆明湖，西堤及其支堤将辽阔的湖面划分成三个水域，使湖泊主次分明、各具特色。南湖岛结合十七孔桥，使前湖的湖面形成层次感，通透开阔的大湖与厚重雄伟的前山相得益彰，营造了山环水绕、山水相依、山因水而活的园林意境。

幻境昆明湖

　　浩瀚深远的昆明湖，约占全园面积的四分之三。粼粼的湖水、蜿蜒的堤岸、错落的岛屿，以及隐现在湖畔波光中的各式建筑，组成了这座园林以水为主体的绝色风光。在万寿山脚下的任何角度，都难以窥得昆明湖的全貌，唯独站在佛香阁基台之上，才可以把昆明湖全景尽收眼底。站在近 20 米高的楼台上极目远眺，湖上美景可尽收眼底，还可体味"欲穷千里目，更上一层楼"的诗意感受。

　　昆明湖最早见于记载的名称为翁山泊，至今已有约 3500 年的历史，湖泊在初具规模之时，就多次被古代引水工程所用。元代，水利专家郭守敬在开凿通惠河时，把翁山泊初步改造为一座可以蓄泄的水库，纳入了京西水系；明代，这里逐步成为北京西北郊的著名自然风景区，当时人们将此地与杭州西湖相媲美，因此得名西湖；清代中叶，随着京师规模的不断扩张，这里已经满足不了北京地区用水量的供应，乾隆皇帝看中了西北郊这块有山有水的宝地，以兴修水利和为母祝寿为名，疏浚扩展西湖并营建了这座大型皇家园林。乾隆皇帝借当年汉武帝开凿昆明池训练水军的旧事，将改造后的西湖命名为昆明湖，这就是昆明湖名称的由来。

　　昆明湖是清代皇家园林中水面面积最大的，其设计体现了高超的园林艺术水平和丰富的中国文化内涵。昆明湖大湖东部最宽处有 1100 余米，南北长 1930 米，北宽南窄，由北向南变窄的水面给人一种辽阔深远的视觉冲击，湖中堆筑的大岛南湖岛和小岛知春亭、凤凰墩，使得整个湖面不至于过分空疏；昆明湖整体形状呈寿桃形，与呈蝙蝠形的万寿山组合出了"福寿"的吉祥寓意，正符合乾隆皇帝为母做寿的初衷。位于湖中央而略偏近东堤的大岛就是南湖岛，岛上的主要建筑有龙王庙和涵虚堂。涵虚堂曾是慈禧太后和光绪皇帝观看水师操练的地方，这座建筑和佛香阁隔水相望，构成了主、宾相呼应的对景。将南湖岛和东堤连接起来的十七孔桥气势如虹，为仿宛平卢沟桥所建。桥宽 8 米，长 150 米，是中国皇家园林中桥梁最长的一座，桥柱上雕刻有 544 只形态各异的狮子。十七孔桥东端点缀的八角形亭叫廓如亭，俗称八方亭，是中国古典园林中体量最大的亭子。南湖岛与十七孔桥的组合犹如半边屏障，将昆明湖大湖划分为南、北两个既分隔又通透的水域，加强了湖面的层次感。昆明湖大湖南面的小岛叫凤凰墩，是仿江南的黄埔墩而建。在清漪园时期，岛上的凤凰楼顶设有一只张开翅膀的金凤凰，可以随风而转，起着风向标的作用，与南湖岛上的龙王庙相呼应，为"龙凤呈祥"的寓意。据说，道光皇帝当政时，因后宫所生公主多于皇子，认为是阴气压倒了阳气，便下令拆除了岛上的凤凰楼。

△ 俯瞰昆明湖

　　昆明湖大湖西侧有一条点缀着各式亭桥的蜿蜒的西堤，为仿杭州苏堤而建，六座亭桥大多仿自扬州的亭桥形式。中间的玉带桥是一座汉白玉高拱石桥，通体曲线流畅，造型优美，最负盛名；在练桥与柳桥之间的阁楼建筑是仿岳阳楼而建的景明楼，当年的乾隆皇帝曾多次在他的御制诗中表示，每当他登临此楼，便会想起"先天下之忧而忧，后天下之乐而乐"的范仲淹。西堤堤岸几乎与昆明湖水面相齐，两侧交错种植着柳树和桃树，每到春天，踏步西堤，便会见到桃红柳绿、清波拍岸的景观，令人产生一种身在江南的感觉。

　　昆明湖西堤之西的两片水域，既是大湖的陪衬，又是相对独立的两处水景，分别以藻鉴堂和治镜阁为湖心岛。外湖南部中的岛屿叫藻鉴堂，它是整个昆明湖中最大的岛屿，面积为 2.61 公顷，岛上的建筑物主要集中在岛屿南半部，藻鉴堂是正房五间两层楼，为乾隆皇帝游湖时舍舟登岸与词臣们品茶、赏湖的地方。位于外湖北面水域中心的治镜阁面积为 0.6 公顷，岛上原有一组形制很特殊的圆形城堡建筑群，据史书记载，城堡共有内、外两重城门，各设四门，内城之上建二层楼阁，登临楼阁之上，可以隔水四面环眺优美的景观，可惜现在已经不存在了。

　　昆明湖的景观设计，体现了丰富的文化内涵。秦汉时期的帝王为了乞求长生不老而在湖中造大池，筑三岛以象征传说中的东海三仙山。此后，"一池三山"便成为历代皇家园林造景的一种主要模式，一直延续到清代。昆明湖中三座岛屿的设置便是这种神仙境界的典型代表，也是这一古老造园传统在当今的经典范例。不仅如此，南湖岛、治镜阁、凤凰墩上原有建筑分别模仿武汉的黄鹤楼、南昌的滕王阁和无锡的黄埠墩，再加上仿杭州苏堤而建的西堤和取意岳阳楼的景明楼，又可以使人联想到长江、太湖和洞庭湖，从而进一步联想到《黄鹤楼》《滕王阁序》《岳阳楼记》等千古绝唱的文学作品。

　　当年的乾隆皇帝对昆明湖的景色极为赞赏，曾写下"何处燕山最畅情，无双风月属昆明"的诗句。相信这件园林艺术杰作，可以给人们带来广阔的审美空间和丰富的历史文化感受。

4.3　长廊区域

△长廊东入口邀月门　　　　△长廊吉尼斯世界纪录证书

　　在颐和园众多的廊中，万寿山下横贯东西的长廊是中国古典园林中最精彩的廊的代表，它如同一条美丽的飘带，将分布在湖山之间的楼、台、亭、阁、轩、馆、舫、榭有机地连为一体。从乐寿堂西侧的邀月门起始，至西面的石丈亭为止，长廊共有 273 间，全长 728 米。长廊的中间建有象征春、夏、秋、冬的留佳、寄澜、秋水、清遥四座八角重檐亭。东、西两段又各有短廊伸向湖岸，衔接对鸥舫和鱼藻轩两座水榭。西北部连接山色湖光共一楼。长廊的地基随着万寿山南麓的地势高低而起伏，它的走向随着昆明湖北岸线的凹凸而弯曲，建筑师巧妙地利用廊间的建筑作为高低和转向的连接点，避免了长廊过直、过长以及避开了地势不平的影响，营造出曲折、绵延、无尽的廊式。

△长廊

△长廊藻井

　　长廊东部北侧的养云轩是园中现存不多的乾隆时期住宅式院落，建筑的大门似钟形，高 2.62 米，面阔 4.4 米。两重平顶上有九个宝瓶。门上方镌刻石额"川泳云飞"，外侧石刻楹联"天外是银河烟波宛转，云中开翠幄香雨霏微"，内侧石刻楹联"群玉为峰楼台移海上，众香是国花木秀人寰"。养云轩原为清代后妃的休息之所，门前有白石小桥架于葫芦形河之上，桥为汉白玉单孔拱桥，虎皮石桥体，南北向坐落。养云轩院外东侧，修建叠石洞穴及天桥通往乐寿堂的西花园扬仁风。

长廊彩画《张飞夜战马超》

养云轩西侧为无尽意轩，是一处独立院落，前临荷池，绕以曲垣，极为幽静。养云轩的左右都有道路与山坡上的景点相连。

△ 养云轩匾

△ 无尽意轩

长廊代表了中国古典园林建筑的高超水平，是颐和园内的建筑经典。园林建筑蕴含着丰富的文化意义，建筑与山水艺术相结合，创造出千姿百态的园林景观，陶冶着人们的身心。在中国古典皇家园林建筑中，廊式建筑占有重要的位置。颐和园长廊是中国廊式建筑中最大、最长、最负盛名的，也被称为"世界第一长廊"。它作为皇家园林中的重要景观，综合各种廊式建筑为一体，成为最长的游廊。就其建筑的本身构造来说，其实是最简单的一种建筑。一般的廊都是四檩，就是说从它的构架剖面上看，有四根檩子。廊子的进深一般也不大，像用在庭院里的廊子，一般是 1 米多，有"四尺廊子"之说。颐和园的长廊尺度要大一些，因为皇家园林功能需求的特殊性，它比一般的长廊进深要大一些，为四檩卷棚式的建筑。颐和园长廊以排云殿为中心，呈东西走向，向两边延伸，以它的长与佛香阁的高遥相呼应。这座精心打造的游廊，雍容华贵，融合了南方游廊的典雅，更有一番皇家的威严气度。无论外界是风是雨，它总能以最安适的方式呈现给人们不同的美，漫步其中，步移景换，每每映入眼帘的，都像是精心构造的山水图画。

长廊中的彩画故事，时间跨度很大，从远古时代的三皇五帝到封建社会的最后一个王朝，上下绵延五千年；题材范围也很广泛，包括历史故事、民间传说、古典小说、戏曲、神话、诗歌、典故等；内容有的反映中国人民勤劳好学、贤淑礼让的传统美德，有的记录风云变幻、沧海桑田的历史变迁，既有人民群众抗击侵略、反抗奴役的英雄业绩，又有各族人民友好往来的千古佳话。可以说，长廊中的彩画故事不仅是一部历史书、一幅风景画，更是一扇了解五千年中华文明的窗口。

　　长廊中的山水彩画多是描绘清新淡雅、温婉舒缓的江南美景。其中花鸟彩画多以历代流传的吉祥图案为主，如百花之王牡丹，雍容华贵、妩媚端丽，唐代大诗人李白赞誉其为"国色天香"，在中华民族传统文化中被视为繁荣昌盛、幸福和平的象征。开百花之先、独天下而春的梅花，以其冰肌玉骨为历代文人志士所敬重，它与挺拔向上的翠竹、长青不老的松树合称为"岁寒三友"，深受文人雅士的偏爱，被赋予了高风亮节、坚贞不屈等美好的人文品格。出现在花卉作品中的禽鸟，多选择具有祥瑞、喜庆寓意的凤凰、仙鹤、鸳鸯、蝙蝠、喜鹊等作为花鸟画的主旋律，并采用精辟的题名点化出丰富、深刻的文化含义，向世人传达中华民族追求真善美的理想，潜移默化地教化和规范人们的道德、言行，如《百鸟朝凤》《丹凤朝阳》《松鹤长春》《喜鹊登梅》《鸳鸯贵子》等传统吉祥图案，均是长廊彩画经久不衰的主题。

　　长廊，不仅是颐和园精湛的园林艺术的一道亮丽风景，更像是一条时间的走廊，漫步其间，让我们领略到中国数千年的文化积淀和艺术精髓，由衷感叹这座精心打造的长廊是中国建筑和文化的点睛之笔。

4.4　排云殿区域

△ 云辉玉宇牌楼

　　排云殿区域的开端便是这座流金溢彩的云辉玉宇牌楼。牌楼又叫牌坊，在中国古代被称为坊门，不论它是否安装门扇，牌楼在某种意义上都起着门的作用。宋代以后，牌楼逐渐成为一种装饰作用的建筑物，具有较高的观赏价值。这座牌楼的建筑形式是三间四柱七楼，每个门楼都有不同的名称，有明楼、次楼、夹楼和边楼之分。牌楼正面写着"云辉玉宇"，背面写着"星拱瑶枢"，意思是云霞辉映着皇帝的宫殿、众星环绕着北斗。这里的北斗指的是帝王，比喻臣民归顺皇帝。这座牌楼是排云殿区域的起点，它以华丽的形象点缀着园林景观，彰显出皇家的气派。

排云门前整齐地摆放着象征十二地支的十二生肖石，这十二块奇石排列在广场前后，如同古代官场排衙形制，所以又称为排衙石。据说，这十二生肖石是康熙皇帝建造的畅春园中的遗物，后重建颐和园时被安置于此。不知大家注意到没有，在排云门前还摆放着一对威严神圣的铜狮，在清漪园时期，此处曾摆放着一对体量较大的石狮，咸丰十年（1860 年）遭到英法联军

△排衙石（胡霁　摄）

的严重破坏。慈禧太后修建颐和园时，迁走了原有的石狮，并移来一对铜狮放在排云门的左右。据光绪皇帝的老师翁同龢所著《翁文恭公日记》中记载，这对风格古朴的铜狮原是明末吴三桂府上的旧物，至今已经有近 400 年的历史。

排云殿区域在清漪园时期是一组大型佛寺建筑——大报恩延寿寺。它兴建于乾隆十五年（1750 年），是乾隆皇帝为母恭祝六十大寿所建。在皇家园林中修建寺庙是一种象征性的造景手法，它寓意着清王朝的最高统治者以崇弘佛法来巩固自己的统治地位。当年的清漪园中，除大报恩延寿寺之外，万寿山后山还建有"须弥灵境"，是一组藏传佛教建筑，与当时清王朝为团结信奉藏传佛教的少数民族上层人士，以确保边疆防务和多民族国家统一的政治目的有着直接的关系。大报恩延寿寺在咸丰十年（1860 年）被英法联军烧毁，光绪十四年（1888 年）慈禧太后重建清漪园并将其改名为颐和园时，由于建园的目的是为她个人"颐养太和，保养元气"，这里又是佛殿旧址，不适合她居住，所以慈禧太后就把大报恩延寿寺的前半部分改建成专供她做寿的排云殿。

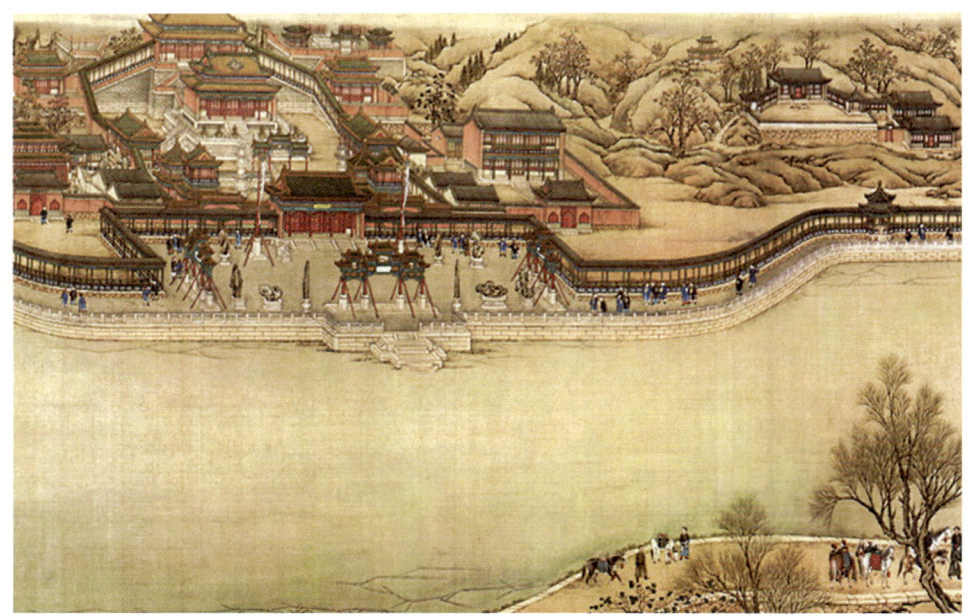

△《崇庆皇太后万寿庆典》中的大报恩延寿寺

  在这里造园匠师们大胆地运用了突出重点、烘云托月的手法建造了这组规模宏大、形式多样的颐和园主体建筑群。从湖岸一直到山顶，以一重重华丽的殿堂台阁密密层层地将山坡覆盖，形成一条层层上升、贯穿万寿山前山上、下的中轴线，体现了依山布置建筑群的特点。巍然耸立在半山腰高台上象征着神权的佛香阁，气宇轩昂，具有主宰一切的气势。而慈禧太后做寿的排云殿则在轴线的中央，整个建筑群布局充分体现了佛经中所描绘的仙山琼阁的天国境界，以及"君权神授"的封建正统思想。宫廷的皇家气派、园林的古朴典雅、宗教的神秘庄严被巧妙地组合在一起，形成了颐和园内最为壮观的建筑群。

  排云殿的"排云"二字，出自晋代诗人郭璞的《游仙诗》："神仙排云出，但见金银台。"比喻云雾缭绕之中神仙飘然而至，眼前呈现一派仙山琼阁的景象。蔚蓝的天空下是成片的金黄色琉璃瓦屋顶，屋顶下是成排的红色立柱和门窗，在葱茏的苍松翠柏的衬托下，巧妙地烘托出仙境的气氛。松柏的暗绿色基调与建筑群的金黄色琉璃瓦屋顶、红色的墙垣、五彩缤纷的彩绘，形成强烈的对比效果，渲染了万寿山前山景观的恢宏华丽，形成了宫殿建筑群富丽堂皇的整体效果，给人以极其鲜明的色彩感染力和震撼力。

  以排云殿为中心的三进院落，建筑布局仿效紫禁城的"外朝"形制。庭院中的水池和石桥象征紫禁城的金水河和金水桥。当年，每当慈禧太后举办"万寿庆典"的时候，排云殿便会钟鼓齐鸣、大奏中和韶乐和丹陛大乐，仪仗威严，场面宏大，极有气派。

△万寿无疆匾

二宫门上悬挂着一块匾额，上面写着"万寿无疆"四个大字，点明了排云殿的使用功能。当年举办"万寿庆典"时，二宫门是光绪皇帝向慈禧太后叩头贺拜的地方。其他的王公大臣则以石桥为界，按等级排列。桥以北的东、西两侧排列亲王以下的皇亲贵族，桥以南的东、西两侧排列二品及二品以上的官员，而二品以下的文武百官只能跪在排云门之外。受贺礼仪开始，首先由宣表官宣读贺寿表文，光绪皇帝跪接表文，捧表从中门进入排云殿，向慈禧太后跪进表文。接下来是拜寿，光绪皇帝率领众大臣向慈禧太后行"三跪九叩"礼，皇后、嫔妃、公主、福晋们在排云殿外的露台上向慈禧太后行"六肃三跪三拜"礼，而此时的慈禧太后端坐在排云殿内正中的宝座上，犹如排云而出的神仙在此做寿，接受众人的贺拜。

排云殿是典型的宫殿建筑，也是园内建筑等级最高、最能显示皇家气派的建筑。它面阔五间，重檐歇山顶，屋顶为黄色琉璃瓦，屋身的梁、枋上施以和玺彩画，枋的上面由斗拱承托着檐部，须弥座四周设有汉白玉望柱栏杆。所有这些都是典型的宫殿式做法的特点。除了屋顶所用的黄色琉璃瓦，最能体现皇家建筑特点的就是梁、枋上的和玺彩画。说到和玺彩画，它与长廊中的苏式彩画有所不同，多用于宫殿建筑，作为皇权象征的各种飞龙翔凤是这种彩画最突出的题材。彩画中的线条都沥粉贴金，以青、绿等底色衬托金色图案，色调浓重华丽，突出金碧辉煌的气氛，以显示封建帝王的尊严，它是中国传统彩画中等级最高的。

排云殿作为慈禧太后做寿的正殿，殿内的陈设除了珠宝玉器，就是珍贵文玩，其中大部分与祝寿有关，连门前这两副对联，字里行间也洋溢着长寿的主题。外柱上的这副对联，上联是："嵩岳大云垂九如献颂"，下联是："瀛洲甘雨润五色呈祥"，将万寿山比喻为中岳嵩山和海上瀛洲，这处人间仙境在祥云笼罩和甘雨滋润之下呈现一派吉庆祥和的景象。再来看看内柱上的这副对联，上联是："叠石起琼峦如山之寿"，下联是："引泉通玉液有泽皆春"，意思是山石叠起了光彩似玉的万寿山，有如南山之寿，昆明湖引来了玉泉山水，好比皇恩普施，四海皆春。如此美妙的辞藻当然说得一心想长生不老的慈禧太后满心欢喜。排云殿前的铜龙、铜凤、铜炉陈设在排云殿月台之上，是最可以代表皇家的装饰物，烘托封建皇权的气氛。每遇大朝，铜炉内燃烧檀香和松枝，使整个宫殿香烟缭绕、色彩神秘。

△排云殿　　　　　　　　　　　　　　　　　　　　△排云殿内景

　　为慈禧太后做寿已成为历史，如今的排云殿以其辉煌的古典皇家建筑风格，成为中外游客珍爱的游览胜地。人们在追忆往昔的同时，更多的是欣赏这座建筑杰出的艺术成就，体会排云殿、佛香阁完美结合所展现出的高超造园艺术，这是没有时限的，是永恒的。

　　介寿堂位于排云殿东侧，在原清漪园慈福楼建筑基址上改建，是一组坐北朝南的住宅式四合院建筑群。慈福楼为两层楼阁式建筑，是帝后在大报恩延寿寺拈香时休息的地方。现在的介寿堂分前、后二进院落，带东、西跨院，建筑形式变动较大，成为可以居住的院落。

　　排云殿西侧的清华轩与介寿堂遥相呼应。在清漪园时期，清华轩名为五百罗汉堂，其平面为"田"字形，有南、东、西三个门，堂前有八角形水池，中架石桥，堂东有亭。《日下旧闻考》中记载："罗汉堂为门三，南曰华严真谛，东曰生欢喜心，西曰法界清微。堂内分甲乙十道，塑阿罗汉五百尊，东门内曰树园，曰狮子窟，曰须夜摩洞；转而南为阿迦桥；稍南曰阿楼那崖，曰徒多桥，桥上曰弥楼，曰摩偷地，曰砥柱，曰摩珂窝；上曰兜率崖，曰功德池，曰檀林；再上曰须弥顶，曰善现城，曰金田，曰陀罗峰，曰鸡园，曰鹿苑；中为室罗筏雷音殿；北曰耆崛；旁曰舍利塔，曰蜂台，曰毗诃罗桥；南曰露山，曰香岩；西曰信度桥；诸额皆御书。堂之东有亭，卧碣上勒御制五百罗汉记，文详见御制文初集。"咸丰十年（1860年）五百罗汉堂被英法联军焚毁，光绪十七年（1891年）改建成双四

△介寿堂院落　　　　　　　△介寿堂内介字柏　　　　　　△《西师诗》碑

合院形式的居住建筑。其形式和功能与过去有了很大的改变，但前院中的圆形水池和白石拱桥，以及东院内记录五百罗汉堂的形制和乾隆皇帝平定准噶尔叛乱的《西师诗》碑，仍然是乾隆时期的原物，未有移动。

🌀 4.5　佛香阁区域

　　佛香阁建于乾隆二十三年（1758 年），是乾隆皇帝为母做寿而兴建的大报恩延寿寺的主体部分。佛香阁初建的设计，是仿杭州开化寺六和塔而建的一座九层的砖石延寿塔。六和塔建造于北宋开宝三年（970 年），高 60 米，八面十三层砖木结构，乾隆皇帝南巡时亲自登临观赏，非常喜爱，逐命工匠按其形制在大报恩延寿寺内仿建。乾隆二十三年（1758 年），塔即将建成时，突然出现坍塌现象，奉旨停建，全部拆除。后来佛香阁舍弃了延寿塔的砖石材料，全部采用木质结构，缓解了地基难以承受的压力，同时又保留了延寿塔八面玲珑的形态。客观地说，清漪园中的木结构建筑佛香阁，就是杭州六和塔的变体，它们的外观造型与内涵意境都有着十分相似的地方和千丝万缕的联系。从阁的形象，以及在建筑群的位置和与园外借景玉峰塔的呼应关系上看，佛香阁的建造主要是为了造景。非常遗憾的是，在咸丰十年（1860 年）它被英法联军烧毁，到了光绪十七年（1891 年），慈禧太后在原址上重新修建，总耗资 78 万两白银。

　　佛香阁高 41 米，建造在 20 米高的石台基上，这个石台基的台阶一共有 100级，颐和园周围的百姓都叫它"百岁台阶"，据说登上它的人身体就会健康、长命百岁。佛香阁的建筑形式是八面三层四重檐，八面指的是它共有八个平面，使人站在颐和园的任何一个角度上看，它的外形效果都是一样的。佛香阁在园内主要起着统领全园景物的作用，共有三层，这三层是可以登上去的，而第四层是檐

△ 佛香阁

子，这就是八面三层四重檐。佛香阁在门上悬挂着一块横匾，上面写着"云外天香"四个字，它的意思是说：祭神的香气飘到了天外。顾名思义，佛香阁过去就是烧香拜佛的地方。

佛香阁一层阁内中间供奉着南无大悲观世音菩萨，根据其独特的造型又称千手千眼观世音，这尊菩萨高5米，重一万斤，铜胎贴金质地。佛教信徒们认为，观音的使命是普渡众生，其特点是闻声而救苦，因此只有一双手和一双眼是不够用的，由此演变出了千手千眼，又由于佛无常像，他可以心随意念，所以观音

△ 观音铜铸像

的铸造形式也就没有固定的规格。因此，我们现在看到的千手千眼观音塑造了12张脸和24只手。观音的脚下是千瓣莲花座，象征莲花出淤泥而不染，比喻佛门净地不染俗尘。这尊佛铸造于大明万历二年（1574年），不知大家注意到没有，在千手千眼观音的头上，还有一个小的坐佛，据说这就是观音的老师阿弥陀佛，又称化佛。

观音后面的墙上，还挂着一幅"无量寿尊佛"缂丝图，无量寿意为长生不老，这里有长寿之意。缂丝的制作过程不同于中国的刺绣，它是用梭子来完成的。我们看到的这幅图是一件复制品，在这幅图中央表现的是三世佛祖，右边第一尊是"东方药师佛"，中间是佛祖"释迦牟尼"，左边这尊佛是"西天接引佛"，也就是"阿弥陀佛"。佛

教信徒们认为，这三位佛祖自东向西，依次主宰着人生的过去、现在、未来。在三世佛祖的下方，描绘着十八罗汉和四大天王。当年乾隆皇帝为母祝寿，献上此图，乾隆皇帝效仿他的祖父康熙皇帝，把自己比作"暗夜多罗汉"，置身于十八罗汉之中，您若仔细看，在十八罗汉的东列，中间有一位头戴斗笠、身穿朝服的人，相传就是乾隆皇帝的化身，不过，这只是一个传说。

△缂丝无量寿尊佛像

△石碑与寿星（陈晓京　摄）

在佛香阁的东、西两侧各有一组建筑。东侧这组建筑叫转轮藏，它是仿照杭州西湖法云寺藏经阁建造的，其正殿面阔三间，二层三重檐，屋顶用琉璃瓦装饰，在琉璃瓦顶上立有代表"福、禄、寿"三位神仙的琉璃立像，两侧有弯廊直接与两座配廊连接，在两个亭子中，各有一个可以转动的藏经架，上面放有经书，由于可以转动，所以叫"转轮藏"。每当帝后们来此念经祈祷时，就有人钻进地下，用力推动机关，塔上所藏佛经也就开始转动起来，而帝后们用手轻轻碰一下，就算是把放在木塔上的经书全部念了一遍。慈禧太后在园中居住期间，也来这"扶"过经，慈禧太后为何来这"扶"经呢？因为转轮藏还有另外一种解释，即这个转轮为转轮王，是佛教的法王之一，据说该佛有宝轮，能降服四方，转轮藏是转轮王藏宝的地方。由于晚清时内忧外患，慈禧太后当时无力挽回局面，便来此拜求转轮王法力，以求自保。在转轮藏的院内，还能看到一座高大的石碑，石碑由汉白玉雕刻而成，它高 9.87 米，正面刻有"万寿山昆明湖"六个字，在碑后刻有《万寿山昆明湖记》，讲述的是开挖昆明湖和堆叠万寿山的全过程。

△转轮藏

西侧这组建筑叫宝云阁。"宝云"二字是佛经名，也是晋代著名僧人的名字。宝云阁是当年乾隆皇帝为母做寿而兴建的大报恩延寿寺的组成部分，其实，在风景区内建寺庙也是有原因的，乾隆皇帝是一位很有政治头脑的帝王，当时尽管政权强大，但边疆的少数民族叛乱时有发生，为了维护大清的国土完整，他决定在他的行宫内建造寺庙，为的就是起到安抚边疆的作用，所以说乾隆皇帝是一个很有远见的皇帝。宝云阁高 7.55 米，重 207 吨，是由纯铜铸造的，它的外形与结构和木结构的房屋形式完全一样，同样具有梁、柱、瓦、对联、匾额等，而且在它的屋内南墙壁上还刻有当年铸造铜殿工匠的名字，这是与其他建筑不同的地方，让大家能够永远记住这些能工巧匠。宝云阁的真正功能是每月初一、十五的时候，有很多喇嘛在这里诵经，内容主要是为帝后们祈福。宝云阁与转轮藏这一组布局对称的建筑，像一条纽带一样烘托出主体建筑佛香阁的至高至大。

△ 宝云阁

　　佛香阁区域充分利用自身高屋建瓴所产生的"贯穿"与"萦带"的统领作用，将颐和园中东西南北、纵横交错的各个建筑及景点全部统一、整合起来。登临送目，湖光潋滟，田畴无际；百舸弄波，楼影沉碧；西山逶迤，京城历历；四围风光，尽收眼底。

4.6　智慧海

　　佛香阁北面是突兀壁立的山岩，其间有人工堆叠的山石蹬道上下相连，通过山石蹬道可直达万寿山顶部的砖石建筑众香界和智慧海。

　　众香界为一座琉璃牌楼，坐北朝南，位于智慧海前。其名称源于佛经中虚构的国名，佛号香积，其楼阁园围皆香。佛香阁的名称也出自这个典故。从建筑布

△ 众香界牌楼

局看，众香界牌楼是佛香阁建筑与佛教内涵的延续，又是智慧海建筑及佛陀世界的导引和铺叙。

智慧海是一座宗教建筑，造型朴重，建筑结构不施寸木，全部采用琉璃、砖石材料，用发券的方法砌成，不用枋、梁承重，又称无梁殿。其造型仿照木结构建筑，屋顶、斗拱、桁板等建筑构件与木质建筑一模一样。须弥座式围墙全部用黄、绿两色琉璃瓦装饰，墙身镶嵌 1000 多尊琉璃小佛像，俗称擦擦佛。屋顶覆盖黄、绿两色琉璃瓦并间以紫、蓝等色，形成富丽而又和谐的建筑色彩。尤其在阳光的照耀下，大殿上的琉璃饰面及佛像金碧辉煌，呈现出色彩斑斓的耀眼光芒，远远望去，仿佛一件精美绝伦的工艺品耸立在万寿山的高峰之上。

智慧海始建于乾隆年间，其名出自《无量寿经》："如来智慧海，深府无崖底。"颂扬佛的智慧像大海一样，法无边际，表示理想世界中佛所修行到的最高境界。作为万寿山上最高的一处建筑，智慧海代表了现实世界里中轴线建筑的终结。它居高临下，四周视野开阔，站在这里不仅能仔细地欣赏前、后山景点不同的建筑风格和艺术魅力，还能感受充满宗教色彩的佛殿所蕴藉的神秘气氛。

🪷 4.7 听鹂馆

听鹂馆北依万寿山，南临昆明湖，是乾隆皇帝为母祝寿而建，它是以黄鹂的叫声比喻戏曲音乐的优美动听而得名的。光绪十八年（1890 年）之后，这里成为慈禧太后宴请外国使臣及宠臣、宫廷女眷们看戏、听音乐和饮宴的场所。

△听鹂馆饭庄　　　　　　　　　△中华老字号牌匾　　　　　　　　△听鹂馆餐厅菜谱（局部）

听鹂馆现为中华老字号宫廷风味饭庄、国家级特级餐馆，以经营满汉全席、宫廷寿膳和宫廷滋补药膳而闻名。听鹂馆内雕梁画栋、古香古色，处处洋溢着清代宫廷高雅华贵的氛围。

△听鹂馆京剧表演 　　　　　　　　　　　　　　△听鹂馆戏台

　　听鹂馆戏台坐南朝北，占地面积 120 平方米，高 17 米，共有两层，位于听鹂馆院落的正中央。戏台背景为"五福捧寿"的红色吉庆图案，戏台屋顶绘有鸡、鱼、玉如意、牡丹、玉兰等国画图案，表达吉祥如意、年年有余、金玉满堂、花开富贵的美好寓意。初建时，戏台为坐北朝南，重建时改为坐南朝北。这是因为乾隆年间修建戏台时，皇帝也曾上台为崇庆皇太后表演，以示孝道，作为一国之君只能"面南"，所以戏台朝南。到了光绪时期，时过境迁，慈禧太后为了享乐把戏台的方向改为坐南朝北。戏台一层上方的匾额是"来云依日"，指优美的乐曲把天上的行云也吸引过来，围着太阳缭绕，比喻圣明的君主吸引贤良的人才环绕四周。咱们再看二层上方的那块匾"凤翔云应"，古人把"凤凰"和"青云"作为吉祥的象征，当凤凰听到优美的音乐便在空中飞舞，优雅的乐曲使青云也聚集到这里来了。

　　戏台的正前方就是慈禧太后当年过寿听戏时使用的房间，现在名为寿膳厅。咱们现在看到门两边的这副楹联，右边是"常居康乐，日月相望"，"常居康乐"的意思是永远健康快乐，"日月相望"是指"日月同辉"，我们生活中有时会看到太阳从东方升起，西边的月亮还挂在空中，仿佛不愿与人们告别，而有时候晚霞满天，太阳还没有落入西山，月亮已悄然从东方爬入天空，向人们微笑示意，古人把宇宙间这种奇特的自然现象称为"日月同辉"，并视之为祥瑞之兆；左边是"多受祉福，邦国咸喜"，意思是享受幸福，整个国家的子民都会高兴。寿膳厅大门上方的匾额"函蒙祉福"，是指承受上天恩赐的福禄。这块匾额与咱们刚刚讲过的这副楹联相互呼应，表达了当年慈禧太后对健康长寿、国泰民安的向往和期盼。

　　寿膳厅坐北朝南，面向戏台，是现在听鹂馆规格最高、最为豪华的餐厅，可以同时容纳 80 人就餐。当年慈禧太后就是在这个餐厅看戏和举行宴会的。餐桌后的这面屏风名为"百鸟朝凤"，由红木雕刻而成，做工精良，寓意慈禧太后如同凤凰一般无上的尊贵。新中国成立前后，周恩来总理曾在寿膳厅宴请民主人士和外交使节。

△ 画中游

画中游是万寿山西侧一组重要的建筑群，位于听鹂馆院落的正北面。画中游依山而建，与万寿山东侧的建筑景福阁交相呼应，从这里向东还能看到宝云阁。画中游主要由澄辉阁、画中游、爱山、借秋四座建筑物组成。澄辉阁为一座两层的楼阁，其后立有一座石牌坊，主殿画中游位于其后，左、右各有一楼，东为爱山，西为借秋，各个建筑之间由爬山廊连接。画中游地处万寿山半山腰，建筑形式丰富多彩，楼、阁、廊分别建在不同的高度上，从远处望去，在青山翠柏中，簇拥着一组组红、黄、蓝、绿琉璃瓦覆盖着的建筑，它们错落有致，再衬上后面满是苍松翠柏的青山、前面波光潋滟的湖水，酷似一幅中国山水画。在这组建筑群的廊中漫步，景观在半虚半实中展现，建筑物在忽明忽暗中"移动"，确有"人在画中游"的感觉。

4.8 石舫

乾隆时期有个很得势的大臣，这个人物想必大家都知道，他就是和珅。传说他家的金银财宝数量之巨，连当时朝廷的户部（掌管户籍财经的机关）都无法相比。乾隆皇帝驾崩以后，和珅被嘉庆皇帝抄家赐死，当时社会上流传着这样一句话："和珅跌倒，嘉庆吃饱"，可见他家是多么阔绰。不知大家是否知道，在和珅的所有罪状中，有一条就是他在自己的私家园林中仿建了皇家御苑的标志物石舫。在北京大学的未名湖畔，也就是原先和珅的淑春园内，至今仍有一座与石舫相似的石船体基座，虽然它比颐和园石舫的体量要小很多，但也是和珅僭越皇家礼制的实证。

经常有游人问我："这条石舫什么时候开呀？"其实它是一条永远不能开走的大石船。舫，作为一种建筑形式，是从临水的厅堂演变而来的。我们都知道，江南私家园林的面积都很小，不可能像皇家园林那样利用自然的山水湖泊，只能开挖面积有限的水池构成水景，并用条石在上面架起小桥，没有空间在池内泛舟，因此只有用构筑在临水的船形厅堂来弥补这一缺憾。颐和园内的石舫就是依照江南园林中的这种舫式建筑而建，就形式和体量而言，在同类建筑中可以说是独一无二的了。

△ 石舫

石舫最初建于乾隆二十年（1755 年），全长 36 米，船体由巨大的石块雕凿而成，原先其上建有中式舱楼。乾隆皇帝曾经写过一篇《石舫记》，叙述了建造石舫的用意。他引用了唐代著名宰相魏征进谏唐太宗李世民时所用的比喻：水能载舟，亦能覆舟。意思是说，船是借助水浮起来航行的，但是使船翻沉覆没的也是水，魏征所说的水指的是老百姓，而船指的就是封建王朝。所以，乾隆皇帝建造石舫除了为观赏昆明湖景色以外，还用来寓意清王朝的统治就如同这石舫一样坚不可摧，风吹浪打不动。

可惜的是，乾隆时期建的石舫在咸丰十年（1860年）被英法联军烧毁了，只存留下船体。我们现在看到的石舫是光绪十九年（1893年）慈禧太后参照法国一艘火轮的外观加以改造的，在船体两侧砌上了两个机轮，船体上面建成了西洋式舱楼，舱内地面铺满了西洋式花砖，窗上也嵌满了西洋式五色玻璃。为了取得上下统一的效果，木结构的舱楼部分也都油饰成大理石花纹，和船身浑然一体。这样一来，石舫就成为颐和园内唯一的西洋风格的建筑了。同时，慈禧太后还将石舫改名为"清晏舫"，寓意河清海晏，也就是天下太平的意思。20世纪初，在北京的一些报纸上，曾登载过慈禧太后在颐和园的西洋楼宴请外国人的报道，所谓西洋楼指的就是石舫。

石舫的位置选择得很巧妙，如果我们从昆明湖上看过去，石舫就好像从后湖开过来的一条大船，同时也为后湖风景的展开起了预示的作用。

第5章
万寿山后山景区

《颐和园词》（摘选）

王国维

昆明万寿佳山水，

中间宫殿排云起。

拂水回廊千步深，

冠山杰阁三层峙。

🌀 5.1　北宫门

北宫门始建于乾隆十九年（1754 年），咸丰十年（1860 年）被毁，光绪十九年（1893 年）重建。北宫门为歇山式屋顶，坐南朝北，上下两层，面阔五间，四面环廊，是颐和园中唯一的一座两层式宫门。

△北宫门

北宫门既是出入颐和园的重要门户，又是观赏园林内外景观的重要场所。当年乾隆皇帝及皇太后到万寿山后山佛殿内进香、礼佛时，经常通过北宫门出入。北宫门前广场两侧对称地建造了五间东西朝房，当年是大臣们临时办公和休息的地方。北宫门前摆放石狮一对，凸显皇家园林的威严和气派。北宫门广场外北侧正对宫门的位置建有歇山顶红墙影壁一座，此处原为低矮绵延的小土山，山北是一片开阔的平地，原为八旗部队进行军事演练的地方。

北宫门南面山路两旁的土山中间，采用"欲露先藏"的造园手法，堆砌有峰回路转的假山，营造曲径通幽的园林意境。从园外观望，两层的楼门恰到好处地遮掩了裸露的山峰，楼门的轮廓和造型优雅地嵌入后河北岸土山逶迤起伏的轮廓线之中，体现了当时精湛的造园手法。

5.2　苏州街

　　苏州街原称买卖街，始建于乾隆年间，是颐和园前身清漪园中以街市为主题的一处景观，咸丰十年（1860 年）被英法联军烧毁。当年慈禧太后重修颐和园时，因财力枯竭，买卖街和后山的部分建筑未能复建，之后的 100 多年中，这里残基柱础、断墙颓岸、风侵雨蚀、草木丛生。直到 1990 年，苏州街才重见曙光，这是新中国成立以来在帝国主义焚劫的废墟中复建的第一个大规模的完整景区。

　　当时，北京市颐和园管理处为恢复苏州街的原貌，经过文物、历史、园林、建筑、旅游等领域的专家多方论证，对总体设计提出了"不增不减、不扩不缩、不改不移"的十二字方针。在复建过程中，专家们查阅了清代内务府的黄册、图卷等档案资料，验证了建筑遗址的尺寸和位置，参照中国 18 世纪商业建筑的形制，在原来的房基柱础上进行复建，才有了今天我们看到的这条苏州街。

△苏州街

　　从史料上看，当年清漪园的全部建筑中并没有买卖街这组建筑，为什么清漪园建成近 20 年之后会出现这条买卖街呢？

　　据记载，历史上乾隆皇帝曾六次南巡，前四次都是带着他的母亲一同前往。乾隆三十年（1765 年），即清漪园建成之后，他随口说道："皇太后年事已高，已不能舟车劳顿地到江浙一带游玩。"大臣们便上奏折齐说应在京内营造一条水街供皇太后游赏，于是，乾隆皇帝假借大臣之意，下令在清漪园后山的峡谷间，仿苏州一河两街的式样，增建一条买卖街。实际上，这一切都是因为乾隆皇帝留恋于江南水乡中的商肆景象，在他看来，宫苑虽好，但缺少别致的乡间情趣，园林建筑虽美，但缺少百业竞争的生活气息。宫中建市，建筑真做，买卖假做，太监充当老板、伙计，宫女扮作民妇，帝后、嫔妃乘舟于水上，买些"商品"，以体验民间生活的乐趣。清漪园买卖街的建造，是对客观自然环境所做的模仿，但其模仿的对象不是江南秀美的山水风景，而是具有浓郁生活气息的市井街巷。在清宫档案中，买卖街的全名为"万寿买卖街铺面房"。

在宫中建街设市，是皇家园林传统的组成部分，可以上溯到公元前8世纪的春秋时期。清漪园的营建正值康乾盛世，此时营造园林也达到了登峰造极的地步。当时皇家园林内的商业街市就有好几条，包括圆明园舍卫城附近的买卖街、畅春园的苏州街等，但都未完全展示江南水街的风貌，难以体现江南水乡街市的气氛。而我们今天看到的这条苏州街，是皇家园林中规模最大、最有价值的买卖街，它依山临水，又得到花草树木的衬托，自有一番园林情趣。

苏州街位于后湖中段、长桥两侧的岸边，以东部的寅辉城关和西部的通云城关互为起止，婉转曲折300余米。买卖街以水当街，沿岸做市，将八座桥梁连成一体。东、西城关外的隔桥景色，幽静宜人、如诗如画；街内的满目风情，透露出南国水乡的神韵。在买卖街的正南面是汉藏式的四大部洲建筑群，构成了"以庙带市"的传统商业模式。这里的庙是青藏高原风光的庙，市是江南水乡情趣的市。这种高原风貌和水乡情趣相融合的园林景观，在现存的古典园林中具有无可比拟的艺术价值。

△ 通云城关

苏州街内设有牌楼、牌坊等形式的铺面 64 座，还有会仙居酒馆、揽涛楼茶馆、登云斋鞋店、伟仪号帽店等老字号店铺，清代社会上的各行各业，在这里几乎应有尽有。此外，苏州街还设有两处钱庄，游客们可以在这里兑换铜钱和元宝，用于购买从苏州运来的特色商品，使游客能够亲身体验中国 18 世纪中叶人们是如何逛街、购物的。中国古代的商业建筑有着丰富多彩的内容和形式，在这里金字招牌上的铺名、字号的命名，都严格参照档案中的记载进行设计。店铺内的陈设、铺面悬挂的招幌以及服务人员的服饰都是当年的风貌。苏州街充分展示了清代中叶商业街市的风貌，反映了当时宫廷和世俗的商业文化。

苏州街中最为著名的建筑嘉荫轩高居在苏州街西北岸北面的山坡上，与绘芳堂、金粟山房南北相望，是苏州街后山一处以古槐命名的点景建筑。在清漪园时期，嘉荫轩内的家具陈设以紫檀木器为主，间有西洋风格。此处可观赏后山和后湖风景，坐在嘉荫轩西面的小楼上，透过竹帘，远眺玉峰塔影，近瞰绿水潆洄，舳舻相望，一派旖旎的江南水乡风光。绘芳堂是清漪园时期早期的建筑，其内陈设的木器多采用紫檀木精心制作，有书桌、宝座、照背、绣墩、翘头案、琴桌等。在乾隆皇帝的御制诗中称绘芳堂为书堂，称其为"山阴佳处"，是欣赏"大块假文章、兼复假图画"的好地方。这里的"假文章"指的是绘芳堂周围的四季景色，而"假图画"指的是绘芳堂下面的买卖街。绘芳堂西侧为金粟山房，是苏州街的点景建筑，乾隆皇帝游览买卖街时常到此处休憩。金粟山在陕西省蒲城县，"山有碎石，若金粟然"。唐玄宗生前因睹其"冈峦有龙盘凤翔之势"，死后葬于此，曰泰陵。乾隆皇帝依据房屋南面山体的自然形状呈"龙盘凤翔之势"和"金粟之状"，引经据典将此建筑取名为金粟山房。再者，金粟山的名称隐含着"金粟如来"的宗教典故，"金粟如来"是佛名，即维摩诘大士。乾隆皇帝曾用"金粟如来影，春山太古神"的诗句，将房前的山体喻为金粟如来佛。

△妙觉寺

△花神庙

妙觉寺在嘉荫轩东面的山顶上，是颐和园中最小的一座寺庙。"妙觉"是佛家语，谓佛果的无上正觉，可以理解为最高尚的觉悟境界。花神庙位于妙觉寺东侧，其内供奉花神。妙觉寺和花神庙均为颐和园时期建筑。

　　漫步在苏州街各具特色的店铺之间，凭窗而坐，点一杯清茶，喝两碗老酒；乘舟荡漾在后溪河上，看着身着古装的老板和伙计们忙碌的身影，聆听着悠扬婉转的苏州评弹，以及河中的摇橹声，街上的叫卖声，再加上山林中的鸟鸣蝉唱，不知您是否已感到恍入清代中叶的商业街市，产生一种返朴归真的感觉呢？

5.3　四大部洲区域

　　香岩宗印之阁——一座寺庙建筑，俗称后大庙，它是颐和园内最大的一座佛殿。200多年前，乾隆皇帝在平定准噶尔反动头领的叛乱之后，出于政治用途派两名大臣率测工、画工专程到西藏测绘喇嘛庙宇，回来之后，便在颐和园后山营建了四大部洲建筑群，这座殿宇就是它的主体建筑。

△四大部洲建筑群（陈晓京　摄）

　　香岩宗印之阁原为三层的楼阁，极其宏伟壮观，它集汉、藏及印度三种建筑形式为一体，因此又被称为三样楼。阁中原供奉一尊四十二臂铜胎观音菩萨站像，可惜的是在咸丰十年（1860年）被英法联军烧毁。光绪十四年（1888年），慈禧太后下谕旨让光绪皇帝把这座阁重新修建了起来。大家都知道，慈禧太后修建颐和园是挪用了建海军的经费，当修建到后山时，已经没有足够的经费，所以就把原来的三层楼阁建成了现在的一层楼阁，又把前山原大报恩延寿寺内的三世佛和十八罗汉迁至这里供奉。

　　阁内的这三尊佛叫三世佛。三世佛在旅游界流行有两种说法：一种是竖三世，分别代表着人世间的过去、现在和未来；另一种是横三世，也就是这里所供奉的，分别是东方净琉璃世界的药师佛、娑婆世界的释迦牟尼佛和西方极乐世界的阿弥陀佛，那么我们又如何来区分他们呢？这就需要大家仔细观察他们的神态、手势和姿势的不同。大家请看中间这尊佛，他就是娑婆世界的释迦牟尼如来佛祖。释迦牟尼出生于古印度迦毗罗卫国，今尼泊尔的兰比尼，是当时迦毗罗卫国净饭王的一位王子。释迦牟尼从小就是一位心地善良的人，他为了挽救百姓的生老病死，没有继承他父亲的王位。在他 19 岁时，他抛下了他的父亲、妻子和儿子离家出走，经过 6 年的苦行，在他 35 岁那年，来到一颗菩提树下，在这棵树下坐了七天七夜，终于大悟成佛，修成正果，成为佛教的创始人。他的本名是乔达摩·悉达多，释迦是佛教徒对他的尊称，被尊为能仁而耐忍的释迦族圣人。释迦牟尼左边这尊佛是东方净琉璃世界的药师佛，他是印度佛经中的人物，据说他看到人世间的难事太多了，如生老病死、疾饿漂荡等，于是发出了十二大愿，来挽救一切众生的疾病之苦，后来成为东方净琉璃世界的教主。释迦牟尼右边这尊佛是西方极乐世界的阿弥陀佛，他也是印度佛经中的人物，又名无量寿佛，他后来成为西方极乐世界的教主。

△ 释迦牟尼涅槃像

在三世佛的两边是十八罗汉，罗汉是梵文的译音，是阿罗汉的简称。释迦牟尼曾令十六罗汉常驻人间，普渡众生。古代的中国以九为贵，九是吉祥的数字，所以传入中国后又增加了降龙、伏虎两位罗汉，也就形成了现在的十八罗汉。经过历代雕塑家的塑造，更加突出了他们生动的神态，凸显了性格上的差异，其形象极其丰富多彩，体现了中国雕塑艺术的高超技艺。

△四大部洲（局部）

香岩宗印之阁的周围还有"四大部洲"和"八小部洲"，以及日台、月台及青、红、白、绿四座塔台，一共由19座建筑组成的汉藏交融的建筑群，统称四大部洲。这里的四大部洲分别是东胜神洲、西牛贺洲、南赡部洲、北俱卢洲。在这里，我还要告诉大家的是这四大部洲的方位。它们是以佛的坐向而定的，它们的东、南、西、北与我们自然界的方向是相反的，所以东胜神洲建在阁的西面，它的形状是半圆形；西牛贺洲建在阁的东面，它的形状是椭圆形；北俱卢洲建在阁的南面，它的形状是方形；那么南赡部洲就是我们北面的这座小殿，原为一座三角形的建筑，在光绪年间修建时，把它改成了山门殿，现在里面供奉着泥塑的哼哈二将。再往下我们还可以看到一大片遗址，它叫须弥灵境，它是当时清漪园时期最大的一座佛殿，宽50余米，遗憾的是在咸丰十年（1860年）被英法联军烧毁，至今未能恢复。

云会寺是一处幽静典雅的寺庙，位于四大部洲建筑群西面的山坡之上，它与东面的善现寺对称修建，互为万寿山后山中路庞大宗教建筑群的衬景。两座寺庙依山顺势，修建在青松环抱、堆叠而起的山地上，红墙绿瓦，错落有致。

万寿山后山西部的赅春园是万寿山后山建筑"天人合一"的经典作品，由乾隆皇帝亲自参与营建。乾隆皇帝每临后山，必至清可轩内小坐赋诗，称其为"山阴最佳处"。在乾隆皇帝所作1500多首咏清漪园的诗中，有关赅春园的诗作就有60余首，为描写园林建筑的"诗中之最"。绮望轩与赅春园为邻，立于万寿山后山峡口假山石堆之上、异峰怪石之间，北临后溪河，东、西、南三面环山，是一处南北环境迥异的"园中之园"。咸丰十年（1860年）绮望轩与赅春园惨遭英法侵略者的焚掠。

△绮望轩

5.4 澹宁堂

澹宁堂三面依山，一面傍水，是一组由两进山地院落构成的全封闭式的园林建筑。澹宁堂的名称出自诸葛亮的《诫子书》"非澹泊无以明志，非宁静无以致远"。清漪园时期，澹宁堂的主要功能是书斋，主体建筑澹宁堂面阔五间，在其两侧对称建有叠落游廊与南面的二层建筑云绘轩相连，澹宁堂与云绘轩虽落差近5米，但从视觉效果上来看，依旧错落有致。云绘轩从南面看是一座面阔五间的穿堂殿，从北面看则变成两层小楼，楼内设有楼梯，可以上下，出入非常便利。

△澹宁堂

这组建筑户对青山，窗涵绿水，四周幽静怡人，其环境氛围与建筑名称的取意自然贴切、相得益彰。澹宁堂的得名除园林造景的自然因素外，还有一段小故事：乾隆皇帝在年幼时深得康熙皇帝的喜爱，住在畅春园内澹宁居，为了不忘祖父的养育之恩，特将这组建筑命名为澹宁堂。

后溪河蜿蜒在万寿山北坡山麓，站在澹宁堂码头之上可欣赏其精华所在。后溪河全长约 1000 米，完全由人工挖掘而成，挖出的土全部堆积在河北岸，筑土成山，隔障宫墙，与南岸的万寿山相对，形成了两山夹一水的格局。更值得一提的是，后溪河在挖掘时还人工收窄了几处陡峭的峡口，使原本平缓的河水有了缓急的变化，增添了几分情趣。

5.5 花承阁

花承阁位于万寿山后山东部，三面环翠，半隐于苍松古柏之中，原由莲座盘云佛殿、多宝琉璃塔、花承阁和六兼斋组成，是一组小园林与佛寺混合的建筑群。

花承阁一面踞山，近可瞰楼台，远可眺西山。莲座盘云佛殿坐南朝北，硬山式屋顶，面阔三间，前后有廊，佛殿北面的一层平台上，当年对称建造硬山顶东、西配殿各三间。此外，平台的外缘还建有半月形弧廊 37 间，其东端连六兼斋，西端接花承阁。

花承阁面阔三间，是一座从西面看两层、东面看一层的楼阁，建造手法与谐趣园内的瞩新楼有异曲同工之妙。六兼斋是乾隆皇帝根据王勃《滕王阁序》中"四美具（良辰、美景、赏心、乐事），二难并（贤主、嘉宾）"之句，引申其意而命名的建筑，是说此书斋既具"四美"，又兼"二难"。乾隆皇帝曾为六兼斋赋诗数

△多宝琉璃塔

首，其中最为著名的一首便是"湖山雅号赏心主，风月堪称乐事宾。若问六兼斋好处，率逢美景与良辰"。遗憾的是这些建筑如今已经不复存在了。

花承阁遗址唯一遗留下来的，便是这尊八面七级的多宝琉璃塔和那块记载着这段历史的石刻御碑。八脊攒尖七重檐顶的多宝琉璃塔建在汉白玉台基上，高17.6 米，环绕塔身嵌有 596 个彩色琉璃佛像。多宝琉璃塔造型端庄秀丽，其基座石雕与塔身制作技艺精湛绝伦，堪称同类建筑中的精品。塔下侧立的石碑，用满、蒙、汉、藏四种文字镌刻着乾隆皇帝的御文《御制万寿山多宝佛塔颂》。

5.6　霁清轩

霁清轩位于颐和园的东北角、谐趣园之北，始建于乾隆十九年（1754 年），是乾隆皇帝利用万寿山的余脉因地制宜建造的一座别具一格的小园林。嘉庆十六年（1811 年），嘉庆皇帝在改建谐趣园的同时，在霁清轩园外的山麓添建了军机处等院落，为其处理政务提供了便利。光绪十七年（1891 年）重修时，慈禧太后在园内增建了酪膳房，专门制作奶酪、点心，慈禧太后对奶制品有特别的喜好，霁清轩就成了她品尝"奶饽饽"的地方。园内一角有棵高大的老桑树，据说这棵树结出的桑葚有延年益寿的功效，每当桑树结果时，慈禧太后就会来到这里享用桑葚蜜膏。从霁清轩给慈禧太后提供如此丰富的饮食，便可见这里是晚清皇室非常青睐并经常游赏的地方。整座园林由霁清轩、清琴峡、四方亭等建筑组成，共有两进院落，规模虽小，却别有洞天。顺着爬山廊漫步园中，些许会感受到"凭轩聊纵目，徒倚堪怡情"的园林意境。

△ 军机处

△霁清轩桃花初开（陈雪飞　摄）

此园以山景取胜，南面空间狭小，北面空旷开朗，建筑依山而建，环廊由南面逆时针向东北面环绕，山涧溪水自西南向东北流出园外。利用居高临下的山势依次布置山谷、溪流、廊亭、松树，当年利用借景的手法还把园墙外的村落、远山等自然景色收入园中，极大地丰富了园林空间。

"霁"字为雨过天晴之意，每当雨雪过后，乾隆皇帝来清漪园赏景，都要到这个小园子来转转。遥想在 260 多年前，春雨初晴，夕阳斜洒，苍松翠柏挑枝拦路，松枝上那颗颗雨滴反射出七彩的光泽，石阶上的苔藓显现出青绿色，嫩芽根边初露，湿润的空气伴着花香扑面而来，这大好美景令乾隆皇帝流连忘返，吟诗题咏："春月居然喜霁清，可知春雨称人情。"雪后初晴来到霁清轩，又是另一番景色，雪压松柏，枝摇欲坠；山石嶙峋，银装素裹；一脉石阶，循溪而上；三两屦径，又访伊人。乾隆皇帝在雪后即兴作过这样的诗："雪后天色澄，霁清真霁清。北山几千迭，一律玉峻嶒。浮来寒气嫩，铺出润泽平……"

△霁清飘雪

　　假山上的四方亭，牡丹图案井字天花，苏式彩画，金砖地，梅花方柱，青石方柱础，其建筑装饰在颐和园中极为少见。铺砌青石阶，条石台基，四周堆砌黄石，云步踏跺台阶。此亭高居山岩之上，可远眺田园景色，俯听溪流清韵，几棵巨大的古松环抱四周，是园中一处极佳的观景场所。

△霁清轩环廊

△四方亭

　　四方亭对面的建筑叫清琴峡，坐西朝东，面阔三间，灰瓦卷棚，它原是一座前后穿堂式的建筑。光绪时期重修时改为向东开门、带前檐廊的硬山式样。清琴峡因水景而得名，而水景的形成缘于殿前的巨石，这天然巨石是万寿山东北角延伸出的余脉，如斧刃劈削，粗犷有力，与地平面形成约45°的斜坡，形成天然的峡谷。造园者利用独特的地形，将后溪河引到此处穿过清琴峡三间殿流出，再顺着巨石形成的峡谷流出园外，溪流在巨石上流淌，清音如琴，悦耳动听。乾隆皇帝当年常流连其间，赋诗题咏以抒情怀："引水出石峡，挹之若清泉。

△清琴峡溪水

△海墁彩画

峡即琴之桐，水即琴之弦。"

巨石前是院落主体建筑霁清轩，这是颐和园内唯一一处保留海墁彩画的院落。海墁彩画是整座建筑包括连檐、椽望、上架大木和下架大木装修在内，遍绘一种纹饰的彩画，一般遍绘斑竹、藤蔓花卉、流云纹等几类图案。霁清轩正殿是一座面阔三间、灰瓦卷棚歇山建筑，其上遍绘藤萝彩绘，从远处看雕梁画栋，具有很好的装饰效果。尽管装饰彩绘众多，几乎遍布整座建筑，但由于其主要采用白、黄、绿三色，与建筑本身的底色相契合，所以并无杂乱之感，反而提升了霁清轩的隽秀之感。而这檐、柱上绘制的绿底藤萝花，更是让人们在闷热的夏天能够感受到一丝清凉。

1948年夏天，沈从文先生和杨振声曾在霁清轩内居住。杨振声先生住在霁清轩内，沈从文先生则住在北面的一栋平房里，沈从文先生曾创作了《霁清轩杂记》。当年他与朋友们大谈颐和园的历史和典故，漫谈这里的建筑、景致、湖中的鱼、颐和园中的两个老住户、几种鸟虫的叫声……1947年，他曾在此消夏，一年后重临旧地，怀旧感油然而生，心情好像也宽慰起来，散漫地说起园子的种

眺远斋

种，虽然是一个短暂的歇身之处，却自成丘壑，自有分量，仿佛与外面的世界远远地隔开了。

眺远斋位于霁清轩西侧、后溪河东端的北岸，坐南朝北，四周出廊，由于地基较高，可以眺望园外村庄的景色。说到眺远斋，有这样一段故事：有一年慈禧太后来谐趣园游玩，正赶上京西妙峰山娘娘庙四月初八开庙会，她听见园外震天的锣鼓声，问李莲英是怎么回事，李莲英急忙回奏说："外边过会哪。"慈禧太后说："我想看看走会的。"李莲英叩头说："老佛爷出园去看耍会，惊了驾，奴才可担当不起。今年的会快过完了，明年给老佛爷专修一座宝殿，不用出园，就能看到。"那年秋天，李莲英传慈禧太后的旨意，命内务府建造眺远斋。这样一来，到了第二年四月，慈禧太后在眺远斋看到了庙会，终于如愿以偿。从此，眺望斋就作为年年给慈禧太后看庙会之用了。

△后溪河

眺远斋建于光绪十七年（1891 年），因是专供慈禧太后使用的建筑，所以其使用材料和施工质量等都代表了晚清建筑的最高水准。

5.7　谐趣园

谐趣园位于万寿山东麓山坡脚下，是一座以水为中心的园中之园。乾隆皇帝南巡的时候，驻跸江苏无锡惠山寄畅园，并命随侍的如意馆供奉（画师）把园中的著名景物绘集成册。把这些"美景"带回北京后，乾隆皇帝仔细挑选其中中意之处，模仿营建了这座园中园，并取名为惠山园。乾隆皇帝为什么对它情有独钟呢？这里面其实是有一段故事的。

△ 谐趣园

△ 谐趣秋韵

当年，乾隆皇帝的祖父康熙皇帝每次南巡时，都要在江苏无锡县的惠山寿氏园小住几日，康熙皇帝对这里的景致十分钟爱，因而亲题园额，并赐名"寄畅园"。从此以后，这座寄畅园就成了康熙皇帝每次南巡的必到之处。乾隆皇帝追寻祖先的足迹，索性把康熙皇帝钟爱的寄畅园"搬回"了京城。乾隆皇帝的生母钮祜禄氏曾随雍正皇帝南巡，得以亲见寄畅园的胜美，等她的儿子做了皇帝后，就命儿子在万寿山东麓仿建一处园林，可以说这是乾隆皇帝营建惠山园的又一个原因。

清漪园时期的惠山园有八景之说，乾隆皇帝也先后多次题诗记胜，这八景是：载时堂、墨妙轩、就云楼、澹碧斋、水乐亭、知鱼桥、寻诗经、涵光洞。嘉庆十六年（1811年），嘉庆皇帝把园中的载时堂改称知春堂，墨妙轩改称湛清轩，就云楼改称瞩新楼，水乐亭改称饮绿亭，澹碧斋改称澄爽斋。在水池正北面添建涵远

△瞩新楼

堂，取"以物外之静趣，谐寸田之中和"之意，将惠山园改称谐趣园。

△湛清轩

当年，林徽因去世后，梁思成曾在瞩新楼内居住并疗养身体。此楼的设计颇具匠心，巧妙地利用了园内外山体的自然高差；从园内望去是两层小楼，但在园

外看则变成了一层，这种依山顺势、因地制宜的营造手法是对古人巧于因借、追求至美的精彩诠释。楼前是由后湖到谐趣园的引水出口，这是一条天然与人工相结合的山间小溪，水声如琴音，故名玉琴峡，与霁清轩中的清琴峡有异曲同工之妙。

面阔五间、四周出廊的歇山大殿涵远堂，是嘉庆皇帝重修颐和园时添建的。在涵远堂内，可以俯拾万寿山夕阳凝紫的烟霞，吐纳东方苍茫无际的云海。

在翠竹掩映下的建筑叫湛清轩，乾隆时期名为墨妙轩，当年轩内珍藏《三希堂法帖》石刻。乾隆十七年（1752 年），乾隆皇帝从内府所藏中挑选出唐代褚遂良至明代文徵明等人的行、草各体书法作品，命人编校并钩摹刻石，嵌于墨妙轩内的廊壁间，石刻摹勒精细，神韵优于《三希堂法帖》，乾隆皇帝非常喜爱，命工匠细心拓印，装裱成册，将其命名为《墨妙轩法帖》，分赐王公大臣。遗憾的是，当年英法联军一把大火将其毁于一旦，珍贵的法帖从此不知去向，只有一块烧裂的乾隆皇帝诗碑空卧在重建后的湛清轩内，供后人凭吊。

兰亭为光绪时期重建谐趣园时增建的建筑，寻诗经石碑在增建兰亭后移入亭内。石碑背面是乾隆皇帝在乾隆十九年（1754 年）所作的一首五言八句律诗："岩壑有奇趣，烟云无尽藏。石栏遮曲径，春水漾方塘。新会忽于此，幽寻每异常。自然成迥句，底用锦为囊？"可谓诗文、书法俱佳。

兰亭实为兰亭修禊盛会的象征。在魏晋时期，社会动荡影响了思想解放和文化学术的繁荣，寄情山水和避世隐逸成为社会风尚，山水诗文大量涌现于诗坛。文人名流经常聚会的一些近郊的风景游览地，具有了最早的公共园林性质，成为千古韵事。修禊，是源于周代的一种古老习俗，即在农历三月上旬，人们相约到水边沐浴，借以除灾去邪，后来成为文人饮酒、赋诗的集会。兰亭修禊的召集人，则是东晋名士、大书法家王羲之。东晋永和九年三月三日，王羲之与名士谢安、孙绰等 41 人，在会稽山阴的兰亭水边，做流觞曲水之戏。各人坐于蜿蜒的小溪旁边，借着弯曲的溪水，以觞盛酒，让盛满美酒的觞顺流而下，当它停于某人之前，他就必须即席赋诗。他们一边喝酒一边作诗，也发表一些言论。大家即兴写下了许多诗篇，编成《兰亭集》，王羲之书写的《兰亭集序》也成为千古不朽之佳作，序文不仅文采灿烂，书法更是气势飘逸，被后世推为"天下第一行书"。

小有天亭，据说这是颐和园 30 多座亭中最小的一座，其后的假山中深藏着一个古洞，洞门上石额镌刻着"云窦"二字，是慈禧太后御笔所书，示意这里已是云雾山中藏云入洞的神仙洞府。乾隆皇帝每次踏游寻诗经，必至涵光洞。从乾隆十九年（1754 年）至乾隆六十年（1795 年），乾隆皇帝先后写下 16 首关于涵光洞的诗。不知大家观赏着眼前这如峰似嶂的叠山，是否有种置身于江南灵隐飞来峰的感觉呢？其实这是个假洞，无洞可入，这种"作假成真、实中有虚"的造园手法，正体现了中国古典园林"虽由人作、宛自天开"的造园思想。

　　知春堂，乾隆时期名为载时堂，是仿无锡寄畅园的嘉树堂建造的，乾隆皇帝有诗云："云水相澄上下鲜，坐来惟爱手云编。流阴每拟惜陶侃，仰止兼因溯史迁。"可见，当时的载时堂应为书房，是个读经论史的地方。嘉庆十六年（1811年），嘉庆皇帝将载时堂改名为知春堂，并曾在这里召见过军机大臣和重要将领。

　　从园林分类上看，谐趣园属于水景园，那么，水多桥必多。这座占地数亩的小园，却有五座桥，而且没有一座是重样的，其中最有名的要数我们将要经过的这座知鱼桥了。知鱼桥桥面贴水，与杭州西湖的花港观鱼异曲同工。桥名来源于战国时期哲学家

△ 小有天亭

庄子和惠子的一次有趣的辩论，庄子说："你看，鱼在水中来去从容，游得多快乐呀。"惠子反问道："你不是鱼，怎么知道鱼快乐呢？"庄子也反问道："你不是我，怎么知道我不知道鱼快乐呢？"乾隆皇帝在诗中表达了对庄、惠之间辩论的看法："久议惠庄多费辞，鱼乎子者究为谁？不知桥上观而乐，万物由其付自知。"意思是享受眼前的景色难道不比费尽心神的哲学思辨更有趣、更生动么？人活在世上，大体有两种态度，一种是主动的、积极的，称为入世，另一种是被动的、消极的，称为出世。人非生而出世者，得意者入世，失意者出世，如此而已，得意者不必骄傲，失意者不必埋怨。

△ 知春堂

△ 知鱼桥

谐趣园虽小，但是亭、台、楼、榭、轩、廊等建筑类型齐全，错落有致，小巧精美，具有不同的外观、结构和功能。所有的建筑和百间游廊全部环池临水展开。游廊上绘有几百幅苏式彩画，是 20 世纪六七十年代由中国一批身怀绝技的工匠亲自执笔所画，园中不少彩画都堪称中国彩画的精品。现在的彩画大部分是 2006 年修复的，这些彩画较好地保持了晚清时期苏式彩画的风格。

洗秋和饮绿两座敞轩是夏天纳凉的极佳之地。"洗秋"的意思是说秋天的美景仿佛刚刚被梳洗过，而"饮绿"是说饮酒于青山绿水的美景之中。据说，当年慈禧太后常常与宫女们在这里一起钓鱼，为了讨慈禧太后欢心，李莲英总会提前命令一个小太监事先带一些鱼跳到水里，藏在这两个亭子的下面，只要慈禧太后一开始钓鱼，小太监就把一条鱼挂在她的鱼钩上，慈禧太后理所当然地成为第一个钓上鱼的人。

人们都说谐趣园四时有景，妙趣横生。那么谐趣园的"八趣"究竟在何处呢？其实前七"趣"都已经提到，即桥趣、书趣、楼趣、仿趣、水趣、石趣、廊趣。这最后一"趣"是什么呢？现在正值仲夏时节，池中荷叶田田，粉红玉白的花朵随风摇曳，香气袭人，成群结队的鱼儿悠然自得地漫游其间，呈现一派安详与宁静的氛围。到了秋天池水凝碧，曲栏水榭倒映水中，绿柳青蒲相映入画，给人以无尽的遐思。等到了冬天池水凝胶，白雪压满枝头，廊檐一片银装，又别有一番情趣。来年春天，若是再来这里，看到的将是一池春水，波平如镜，最先吐出嫩芽的柳枝，向人们报告春天的讯息。这就是园中的"时"趣。一年的春夏秋冬，四季有景。谐趣园的四季景色变化，各具特色，与众不同。

总之，谐趣园的整体设计体现了"在变化中求统一"的美学思想。谐趣园是颐和园中的园中之园，它对全园起着"以小衬大"的作用，同时又使自身在全园中显得小巧精致，形成一个完整的小天地，在这个小天地里山、水、轩、堂、亭、榭一应俱全，再加上"三步一曲、五步一折"的游廊，把沿湖的建筑连成一个和谐的整体。

5.8 乐农轩

乐农轩院落位于万寿山东麓半山腰上，由乐农轩、永寿斋、平安室组成。乐农轩面阔五间，左右的永寿斋、平安室均各三间，坐西面东。整组建筑使用青石板瓦和虎皮石砖墙，房屋的木结构及砖石材料十分简陋、粗糙，油饰彩画为仿民间建筑，没有任何皇家园林富丽堂皇的气派。

△ 乐农轩

　　乐农轩这组建筑是慈禧太后下令仿民间房屋所建。光绪二十六年（1900 年），八国联军侵略北京，8 月 21 日的清晨，慈禧太后与光绪皇帝、皇后等化装成平民百姓从紫禁城内乘坐骡车仓皇出逃，中午他们赶到颐和园，在乐寿堂稍做休息匆忙用膳后，下午又坐车继续北行，夜晚暂宿在北京昌平的西贯市村。当地有一开镖局的大户人家，送上馒头、咸菜、小米粥，同时还奉献出三顶骡驮轿供慈禧太后西行使用，这令慈禧太后大为感慨。光绪二十八年（1902 年），慈禧太后从西安回到北京后，为了感念当年夜宿西贯市村的情景，特命工匠仿照当地百姓的房屋式样在此地营建了这组建筑，并将乐农轩东面的坡地改为菜地，种植菜蔬瓜果，四周围以竹篱，大门用竹篱搭成类似木牌楼的形状，颇有一番乡间农家风范。同时，在东南面的山坡上添盖了一座坐东朝西、不施油漆、顶部同样用青石板瓦覆盖的草亭，坐在此处向东望去，可隐约看到紫气东来城关，这座城关与著名思想家老子有关。据说，春秋时期在函谷关有一位守关的将领叫作尹喜，有一天他站在城关上观察天象，发现有一团紫色的气从东边而来，这是要有圣人从东边而来的征兆。果然，没过多久老子骑着一头牛从东边来到函谷关，过函谷关是需要通关凭证的，可是老子没有。通过接触，尹喜得知老子是一位很有学问的人，于是，尹喜对老子说："您没有通关凭证我没有办法让您通过函谷关，如果您想要过去的话，您就给我写一点东西吧，只要您写了我就放您过去。"老子没办法，只得为尹喜写下了不朽的名篇《道德经》。慈禧太后营建草亭观赏紫气东来城关，些许隐含着她渴望得到民间贤才辅佐的急切心情。

慈禧太后经常到乐农轩忆苦思甜，每来此处就要吃窝头，这可难坏了为慈禧太后做饭的御厨们，他们想尽了一切办法也做不出慈禧太后逃难路上所吃窝头的味道。无奈之下，御厨们经过反复试验，终于做出了用栗子面和黄豆面混合、外加黑糖的窝头，这种窝头的味道让慈禧太后极其满意，并给这种美食取名为小黄金塔。

现在的乐农轩前种有数株蜡梅，每当蜡梅盛开的时候，这里就吸引着无数的游人。枯瘦的枝干上点缀着一朵朵蜡黄色的小花骨朵，使人在不知不觉中体味着文人傲骨的情怀。

△紫气东来城关

△傲雪蜡梅

5.9　益寿堂区域

在中国最古老的史书《尚书·洪范》中有对"福"字明确的定义："五福：一曰寿，二曰富，三曰康宁，四曰攸好德，五曰考终命。"意思是说，人生有五种幸福：一是长寿，二是富贵，三是身体健康且内心安宁，四是美德，五是善终。从五福的定义中可以看出，中国古人对"福"全面深刻的理解，中国的福文化包含了诸多方面的内容，长寿是其中的一个重要组成部分，而益寿堂就是颐和园中寿文化的杰出代表之一。

益寿堂位于万寿山东麓的半山坡上，始建于光绪年间，是由松春斋正殿、配殿、耳房、垂花门组成的典型的北方四合院住宅式建筑。此地是慈禧太后在游赏景福阁后用膳、更衣及休息的场所，环境极其幽静。传说这里还是宫廷御医在皇家园林中的供职之地。

△益寿堂

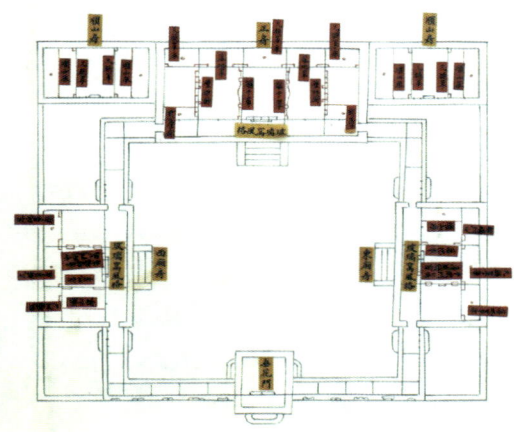

△样式雷益寿堂图样

"益"字的本意为水漫出器皿，引申义为增加，"寿"字的含义就是长命，活得长久。"益寿"，顾名思义，就是延年益寿。长寿，对于任何没有罹患心理疾病、没有丧失生活希望的人来说，都是一个非常自然的心理诉求。这一点在老年人身上体现得尤为明显，这就不难理解"益寿"为什么会理所当然地成为慈禧太后最为喜闻乐见的词汇了。紫禁城储秀宫中就有殿堂名叫益寿斋，慈禧太后在那里生下了同治皇帝，母以子为贵，因此她十分留恋那里。光绪十年（1884 年），慈禧太后曾搬回储秀宫居住，并在这里隆重举办了五十大寿庆典，也许颐和园益寿堂的命名与此有着千丝万缕的联系。

其实，益寿堂这组建筑就是增加寿命之地的意思，松春斋更是此处的点睛之笔，寓意像松柏那样呈现春之色泽的园地，堂中有斋，层层深入"寿"字的精髓，别有一番意境。益寿堂西南侧紧邻青石堆起的假山，整组建筑隐现在凹凸的山体后面，以一条弯曲的小径绕过半遮掩的山体和茂密的花木丛，通向院落的入口处。益寿堂以幽邃为基调，以独立小园为形式，园内地势与周围环境相辅相成，空间效果幽邃而不闭塞。在山石的掩映中，益寿堂好似云中仙境的楼阁，以其独特的魅力吸引着过往的游客。

△松春斋

　　1949 年 1 月 20 日，北平市军事管制委员会决定接管颐和园。当时的北平市长、北平市军事管制委员会主任叶剑英在颐和园南湖岛上设立了指挥部，并住进了益寿堂。1 月 31 日，北平和平解放。3 月 23 日，毛泽东离开西柏坡。3 月 25 日清晨，毛泽东在北平清华园站下了火车，直接前往颐和园。《叶子龙回忆录》中记载：毛泽东等人来到益寿堂休息，生火炉取暖，并简单吃了一顿饭。在很多人的记忆中和回忆录里都留下毛泽东当晚曾代表中国共产党在颐和园设宴，宴请从全国各地赶赴北平的民主人士，毛泽东、刘少奇、周恩来、朱德、李维汉与柳亚子、黄炎培、沈钧儒、马叙伦等共商国家大事的片断。1949 年 4 月，柳亚子移居益寿堂。5 月 1 日，毛泽东偕夫人亲至益寿堂看望柳亚子，共同乘船游览昆明湖。在这个重要的历史时期，毛泽东与柳亚子之间的诗词唱和令人难忘，柳亚子在《七律·感事呈毛主席》中诉说心中苦闷，毛泽东作《七律·和柳亚子先生》宽慰其心，这正是中国共产党人与民主党派人士之间深厚情谊的真实写照。益寿堂见证了战争与和平的艰难转换，更见证了民心向背的大潮涌动。这里还曾是中国共产党人"进京赶考"第一天的所在地。

　　1950 年至 1956 年，在北京市人民政府的大力支持下，颐和园修缮了园内大部分古建筑，并接收北返文物 368 件。1956 年，益寿堂虽然经过维修且具备对公众开放的条件，但由于种种原因并未对公众开放。2014 年 6 月 6 日至 12 月 21 日，颐和园为了纪念其作为公园对公众开放一百周年，在益寿堂内举办了李苦禅、范曾、刘大为等书画名家真迹展；同年年底，益寿堂还举办了"纪念颐和园对公众开放一百周年艺术交流展"。2015 年 11 月 3 日至今，益寿堂成为"古都春晓——寻访中国共产党'进京赶考'之路"主题展览举办之地，共展出园藏档案原件 42件、园藏文物 3 件、历史图片 100 余幅。其中，清花卉纹洋式有束腰柚木五腿拼桌为当年宴请民主人士所用，两个铜炉为取暖所用，从而以文物展陈的方式还原益寿堂作为中国共产党"进京赶考"第一站的历史真相，起到了为广大观众展现历史、传承文化的作用，提供了爱国主义教育、激励交流的场所。2018 年 10 月，益寿堂成为北京市海淀区爱国主义教育基地。

　　如意轩与益寿堂遥相呼应，由主殿和双耳房组成，原为王公大臣陪慈禧太后游玩后临时休息的地方，现为读书室。在这里，游人可以通过书籍感受颐和园的沧桑巨变，在不知不觉中体味园林真谛的所在。

△ 益寿堂中铜炉

△ 如意轩

　　景福阁位于益寿堂北侧，地势居高临下，北、东、南三面均具有很好的视野，可眺望园外东部的圆明三园至畅春园一带的园林风景区，与西北郊的园林相互呼应。景福阁的前身是一座佛楼，叫作昙花阁，为乾隆十九年（1754 年）营建。昙花阁的平面布局呈六角形，象征昙花盛开时的六朵花瓣，昙花阁为两层楼阁，重檐攒尖琉璃瓦顶，檐口下有垂莲柱作为装饰。咸丰十年（1860 年），象征佛教祥瑞、灵异之意的昙花阁被毁。光绪十八年（1890 年），慈禧太后在昙花阁的遗址上改建景福阁，二层的阁楼变为一层的园林建筑。改建后的木结构建筑虽然变低矮，但由于景福阁所处万寿山地势高敞，因此没有影响其作为点景或观景的作用。在颐和园的整体景观布局中，景福阁是万寿山东部的构景中心，与万寿山下的大戏楼、文昌阁同处在一条轴线。当我们站在景福阁内，依旧可以向东欣赏圆明园、畅春园的园林风貌，向南饱览昆明湖上的长桥、秀岛、楼船。

　　慈禧太后在听政后的闲暇时常在此处远眺，夜晚在此观赏月色，此时景福阁檐廊内满缀各式各样的宫灯，远远望去这里灿若繁星。每逢雨时，慈禧太后必至阁内观赏雨中湖面空蒙、水天一色的美妙佳境，并在阁内传膳延宴，尽享四面云山、无边烟树的雨景之乐。

　　1949 年，和平解放北平的谈判在此处进行。按照解放军代表与傅作义将军代表签订的《关于北平和平解决问题的协议书》中规定，双方派人成立联合办事处，2 月 1 日上午 10 时 30 分，联合办事处在景福阁内召开第二次会议，详细商讨了双方部队换防、交接等具体事宜。一系列的政治活动，使景福阁成为北平和平解放的历史见证地，是具有特殊意义的纪念场所。

△ 景福阁

第 **6** 章
沿昆明湖景区

《七律·和柳亚子先生》（摘选）

　　　　毛泽东

　　牢骚太盛防肠断，

　　风物长宜放眼量。

　　莫道昆明池水浅，

　　观鱼胜过富春江。

6.1 西堤六桥

　　颐和园西堤整体呈南北走向，它与西面的玉泉山及西山群峰融为一体，从而使颐和园有限的空间被增大。春天的西堤柳条吐绿、桃花绽红，一条五彩缤纷的长堤，犹如画境一般。掩映在湖光山色中的西堤六桥，仿照杭州西湖苏堤六桥建造，由北向南依次为界湖桥、豳风桥、玉带桥、镜桥、练桥、柳桥，在练桥和柳桥之间，还有一座玲珑精致的景明楼。

△西堤春色（陈雪飞　摄）

　　界湖桥在西堤的最北端，为西堤从北往南的第一座桥，以分界昆明湖内、外湖与后溪河而得名。

△界湖桥

　　豳风桥在界湖桥南面，是西堤从北至南的第二座桥，为屋桥形式。在清漪园时期，此桥名为桑苎桥，桥西有耕织图、蚕神庙、织染局、络丝房、水村居等颇具江南水乡风韵的田园村舍，与桥的名称十分贴切。光绪十二年（1886 年），慈禧太后在被英法联军焚毁的桥址上重建桑苎桥，因"桑苎"谐音为"丧主"，桥名中的"苎"字又与咸丰皇帝的名字爱新觉罗·奕詝的"詝"谐音，于是便沿用桑苎桥的原意，改桥名为豳风桥。"豳风"出自《诗经》中的一首诗《国风·豳风·七月》，描写的是西周时期豳地（今陕西旬邑、彬县一带）百姓从事农耕、蚕桑等生产生活的情景，诗中反映的劳动场景与豳风桥西面耕织图中水乡泽国、男耕女织的主题内容十分吻合。

△ 豳风桥

　　玉带桥是西堤从北至南的第三座桥，为西堤上最负盛名的一座桥梁。它始建于乾隆十五年（1750 年），为高拱形单孔石桥，桥身采用汉白玉和青白石两种石料精雕细刻而成，桥体拱高而薄，形如古人佩戴的玉带。

△ 玉带桥

镜桥是西堤从北至南的第四座桥。从东堤上观望，镜桥好似位于西堤中部，其八面玲珑的姿态既宜于观赏周围的景致，又能营造出有别于其他几座桥梁的艺术个性。镜桥的名称取自唐代诗人李白"两水夹明镜，双桥落彩虹"的诗境。玉带桥南面，堤岸由宽渐窄，西堤的走向也由西南折向东南方向而去。行至镜桥处，内湖与小西湖隔堤相映，两边的湖水好似两面硕大无比的明镜，桥亭倩影分入水中，其情其景自有其妙。

练桥是西堤从北至南的第五座桥。桥名取意南朝诗人谢朓的诗作《晚登三山还望京邑》："余霞散成绮，澄江静如练。"练是漂白的布帛，形容此处湖水清净如练。练桥西面的湖水中广泛种植荷花，颇有"接天莲叶无穷碧，映日荷花别样红"的意境。

△镜桥

△练桥

柳桥在西堤的最南端，是西堤从北至南的第六座桥，为屋桥形式，桥名取自唐代诗人白居易的一句诗："柳桥晴有絮，沙路润无泥。"柳桥隐匿在西堤的团团绿柳之中，在青山白云的衬托下与玉峰塔交相辉映。

景明楼位于西堤南部，造型别致，为昆明湖和万寿山相互均衡的一个支点。整组建筑由一座主楼和两座配楼组成，楼名出自北宋范仲淹所作《岳阳楼记》中的诗句："至若春和景明，波澜不惊，上下天光，一碧万顷。"但其建筑形式并非模仿岳阳楼，而是按照元代赵孟頫所绘《荷亭纳凉图》中的画境所创造。乾隆皇帝曾在《景明楼赏荷》一诗中提到："名称借得范家记，景概移来赵氏图。"

柳桥

景明楼

6.2　耕织图

　　农业是中国传统社会中最主要的生产部门，它以耕织为核心。庶民为求生存，为此日夜操劳。统治者为了江山的长治久安，也不遗余力地推广农业为本的理念。清代从入关的第一位皇帝顺治起，到康熙、雍正及乾隆即位初年，先后在西苑、承德避暑山庄以及圆明园等地设置了不少有关耕织内容、意在重农观稼并表率天下的景观。这为清漪园耕织图的建立积累了丰富的经验。

△ 耕织图石碑

乾隆十五年（1750 年），乾隆皇帝开始兴建清漪园，利用昆明湖与玉泉山之间稻田水网密布、景色酷似江南的自然条件，因地制宜，营建了耕织图景区，并将宫廷织染机构——内务府织染局迁至于此，为这片秀美淳朴的山水田园景观注入了更加丰富的艺术气息和人文内容。耕夫织妇劳作的真实景象与廊壁间的石刻《耕织图》交相辉映，轧轧机杼声与船橹声互相应答，稻田、桑林、织房、农舍参差错落……耕织图景区集景观游赏、耕织生产与国本宣教三者于一体，是古典皇家园林中艺术化表现农事景观的造极之作。乾隆皇帝曾赋诗道："北屏万寿南明湖，就中最胜耕织图。"将其视为整个园林中最精彩的一景！遗憾的是，随着清王朝的衰败，这里逐渐荒芜。

△ 耕织图景区

　　光绪十二年（1886 年），清政府开始在耕织图的废墟上兴建昆明湖水操内外学堂。昆明湖水操内外学堂是近代中国特殊历史条件下的产物。可以说它是中国最早创办的近代军事教育机构之一，反映了清代部分较有远见的王公大臣引进西方军事科技、经武强军的强烈愿望。其实它更与颐和园的重建有着直接的联系，是清廷动用海军力量修建颐和园的手段之一。但是，当时腐朽的封建专制政治体制严重扭曲了这所学堂的近代军事教育性质，为其增添了为宫廷享乐服务的浓重色彩。在某种程度上，昆明湖水操内外学堂堪称中国近代海军事业乃至近代中国悲剧命运的象征。

　　在昆明湖水操内外学堂被裁撤后的百余年中，该区域的功能和隶属关系几经变更，曾为学校、机关、工厂、大杂院等，景观风貌丧失殆尽。为了维护世界文化遗产的历史完整性与真实性，1998 年底，北京市颐和园管理处收回此地，经过缜密的规划设计、专家论证、政府部门审批及 3 年的紧张施工，一处融合了清漪园耕织图景观风貌和颐和园昆明湖水操内外学堂建筑遗存的景区终于展现在世人面前。作为北京市爱国主义教育基地的耕织图，以其独特的资源，诉说着那段令人回味的历史。目前，耕织图正在展示颐和园石作文物的精华所在，包括柱础、石额、石座、夹杆石、栏杆、露天陈设石座等。总体来看，这些清代皇家园林石作文物各个造型精美、雕工卓越、纹饰齐全、寓意丰富，是晚清中国装饰艺术文化的典型代表，体现了中国古代工匠所传递的匠人精神。

6.3　畅观堂

　　畅观堂始建于乾隆三十年（1763 年），是清漪园中建造较晚的建筑。清漪园时期这座园林没有西墙，因此在这里既可畅观园内美景，又能看到农夫耕耘，乾隆皇帝曾召词臣来此举行"观稼诗会"。

　　畅观堂整组建筑以坐落在山顶的大殿畅观堂为中心，东、西两侧对称建有配殿，名为睇佳榭、怀新书屋，左、右由转角游廊连接。光绪年间修建颐和园时，重建畅观堂正殿和东、西配殿，并在西南面建八方重檐观景亭，东南面建单檐六角观景亭。

△畅观堂（赵玉明　摄）

在西堤之西的水域和玉泉山外的高水湖、养水湖之间，畅观堂建筑群起着过渡和衔接的作用，将玉泉山静明园和万寿山清漪园的景点有机地联系在一起，扩大了这两座园林的景观空间，成为难分彼此、浑然一体的园林佳作。

6.4 东堤区域

知春亭是一座重檐攒尖四方亭，坐落在昆明湖东岸的小岛上。始建于乾隆二十五年（1760年），小岛四周环水，与岸隔绝。光绪十九年（1893年）重建知春亭时，为方便慈禧太后上岛游览，特意在亭的东面添建了一座平桥，使原来的湖中小岛与湖东岸相连，成为现在的形式。知春亭是饱览万寿山、昆明湖全景和玉泉山、西山借景最佳的陆地观景点。

△俯瞰东堤（赵玉明　摄）

东堤北端的文昌阁是一座城关式建筑，"文昌"即文昌帝君，为道教神名。在园林的原初设计中，万寿山西麓的宿云檐城关供奉关圣帝君，东面的文昌阁供奉文昌帝君，取文武辅政的寓意。文昌阁的北侧是耶律楚材祠及其家族墓地和文昌院博物馆。耶律楚材曾经做过元代的宰相，是历史名臣，去世后按其遗愿迁葬在"玉泉东瓮山之阳"。乾隆皇帝营建清漪园时，将墓地划入了园内，重新为耶律楚材修建祠堂，塑造金身。1998 年，颐和园在建文物库馆的地下施工中，发现了耶律楚材家族墓地，从而证明了《中书令耶律公神道碑》中文字的可靠性。现在的文昌院博物馆收藏着颐和园近 40000 件可移动文物，驻足赏析这些珍贵的文玩，不知不觉中梦回清朝。

△ 文昌阁

△ 文昌帝君

△ 耶律楚材像

　　东堤自文昌阁至绣漪桥长约2000米，在园林修建前因其位于畅春园以西而被称为西堤，乾隆十四年（1749年）挖湖时，将其改称昆明湖东堤，矗立在新建宫门旁的昆仑石碑记载了这段历史。东堤选用黄土、白灰、糯米浆以及碎石块建造，堤岸的挡水石用长条状的豆渣石由湖底向上竖直而砌，每层条石之间的缝隙处都凿以石槽榫，中间用铁锭嵌扣，使石条之间相互咬合，异常坚固。乾隆四十七年（1782年），在东堤中部建造了这条堤上唯一的一座泄水闸，水闸由前闸、后桥两部分组成，于堤岸边砌成"八"字形分水式暗洞，并安设水闸。当闸板提起，湖水导入两孔石桥下面，流向园外，因水闸有两道出水孔，所以便形象地称其为二龙闸。二龙闸可以泄洪、调节水位、灌溉园外稻田，还可为圆明园和畅春园提供园林用水。

△二龙闸

　　新建宫门位于沿东堤修建的园墙中部，它是颐和园时期修建的一座规格较小的园门。在清漪园时期，昆明湖东、南、西三面不设园墙，以深广的昆明湖水作为皇家园林的天然屏障，园外自然的田园风光与园内金碧辉煌的亭台楼阁交相辉映，相得益彰。昆明湖的堤岸上由护园的兵丁巡视看守，普通百姓可沿堤岸观赏禁苑春色。光绪十七年（1891年），慈禧太后修建颐和园时，在昆明湖东、南、西三面加砌了围墙，从此有了这座宫门。

6.5　铜牛

东堤上的铜牛为青铜铸造，放置在汉白玉雕凿的海波纹椭圆形须弥石座之上，铜牛头朝西北，两角直立，体态与真牛相似。铜牛铸造于乾隆二十年（1755 年），牛背上铸篆文为乾隆御笔《金牛铭》："夏禹治河，铁牛传颂。义重安澜，后人景从。制寓刚戊，象取厚坤。蛟龙远避，讵数鼍鼋。潆此昆明，潴流万顷。金写神牛，用镇悠永。巴邱淮水，

△ 铜牛

共贯同條。人称汉武，我慕唐尧。瑞应之符，逮于西海。敬兹降祥，乾隆乙亥。"

△《金牛铭》

中国历史上以牛当神镇压水患的事例屡见不鲜。传说大禹治水时，每竣工一处，就铸造一尊铁牛沉入水底，好让水不扬波，河道永固。当年汉武帝建造昆明池，在岸边按照"左牵牛，右织女"的布局，矗立了牛郎织女的石雕像，将昆明池比喻为天上的银河。唐代以后，镇水神牛放置于堤岸成为治水的惯例。

6.6 廊如亭

廊如亭位于十七孔桥东端，俗称八方亭，它是颐和园 40 多座亭子中最大的一座，在中国同类园林建筑中也是最大的一座亭式建筑。

△廊如亭

△廊如亭藻井

廊如亭体态舒展稳重，气势雄浑，与十七孔桥及南湖岛在空间上相互映衬，搭配得天衣无缝。廊如亭始建于乾隆十七年（1752 年），当时的东堤没有园墙，廊如亭不仅能四面观景，还有守护园林的作用。光绪十四年（1888 年）廊如亭重修，沿用了清漪园时期的旧名。亭内金砖铺地，内、外由三圈 24 根圆柱和 16 根方柱支撑，青石柱础。亭周围建有八方形月台，环绕月台砌有 1 米多高的宇墙。亭内梁枋上悬挂八块木匾，其中两块为乾隆皇帝的手书诗句，其余六块是光绪时期大臣们所创作，其内容摘自南朝刘勰所作《文心雕龙》中的部分词句，用来歌咏景色、赞美时政。

6.7 十七孔桥

十七孔桥是中国古典园林中最大的一座桥梁建筑，它东连廊如亭，西接南湖岛，如同天上的七彩飞虹横跨在碧波万顷的昆明湖上，又仿佛神话中的鼍龙浮游在平滑似镜的湖水中。十七孔桥为什么要建 17 个桥孔呢？因为从桥两端开始数，到桥中间的大孔，正好是"9"，而"9"被称为极阳数字，是过去封建帝王最喜爱的吉利数字，因此将桥建成 17 个桥孔。十七孔桥长 150 米，宽 8 米，桥体用青石筑成，呈拱形，桥下有 17 个拱券。桥上的汉白玉栏杆，有 248 个望柱，244 块栏板，望柱上共雕刻有神态各异、大小不同的石狮 544 只，其精美程度可与著名的卢沟桥石狮相媲美，石狮的数量要比卢沟桥多 59 只。此外，桥两头还设有四只石刻镇水石狮，形象威猛，极为生动。

△ 十七孔桥 "金光穿洞"（赵玉明　摄）

△ 十七孔桥冬景

6.8　南湖岛

　　南湖岛的平面近似为椭圆形，东、西宽 120 米，南、北长 105 米，面积约 1公顷。南湖岛的东部连接十七孔桥，与东堤相接，是昆明湖上最大的岛屿。在清漪园建成以前，此处为西湖堤岸的一部分，乾隆十四年（1749 年）拓展西湖时，保留了其中的一部分土堤，使其成为一个岛屿。然后又在岛上堆石成山，建造望蟾阁、月波楼、鉴远堂、龙王庙、澹会轩等建筑。南湖岛的驳岸以整齐的长方形大块石料砌成，岸边安装了用青白石雕制的栏杆，显示出雕栏玉砌的皇家气派。

咸丰十年（1860年），南湖岛上的建筑被大火焚毁殆尽，如今南湖岛上的建筑为光绪时期重建颐和园时所建，有涵虚堂、龙王庙、鉴远堂、月波楼等建筑。

广润灵雨祠是南湖岛上的主要建筑，清宫依照玉泉山静明园中龙王庙的祭祀规

△南湖岛观嬉冰（赵玉明　摄）

制，每年夏季按照惯例指派大臣到广润灵雨祠拈香行礼，以求龙王保佑，及时下雨润泽天下的农田。与历代封建帝王一样，如遇大旱之年，清代皇帝都要亲自到广润灵雨祠行礼致祭，祈盼甘霖普降。

南湖岛四面环水，视野广阔，八方佳景，一览无余。南湖岛的建成，彻底改变了西湖过去的历史风貌。不论在堤畔岸边，还是湖中山上，南湖岛一直是昆明湖辽阔水域中最具魅力的风景。

△远望南湖岛

△龙王塑像（胡霁　摄）

△广润灵雨祠（胡霁　摄）

第7章
颐和园非物质文化遗产

《藻鉴堂赠画家》

叶剑英

画家渔叟喜相逢，

明媚湖山写意浓。

清代兴亡昨日事，

匠心钩出万山松。

7.1 故事传说

　　故事传说是民间文学的一种类型，是民间对长期流传的人和事的叙述，在一定程度上反映了人民群众的愿望和要求。颐和园的故事传说有的以乾隆皇帝和慈禧太后为题材，通过民间的幻想和口头的传咏得以世代流传。

△ 祥云万寿

　　颐和园的故事传说主要产生于清代乾隆和光绪年间，在民间广泛口头流传，内容围绕着颐和园的营建历史、园林建筑、人物风情、趣闻逸事展开，与园林景色交相辉映。传说在民间广泛流传的过程中，伴随着历史的发展，内容不断丰富。故事情节虽有不同程度的虚构性，但其总体反映了劳动大众的真实情感，特别是经过代代相传之后，故事情节更富有传奇性、趣味性和知识性，它们生动形象地体现了人性的真与假、美与丑、善与恶，展现了古老的文化内涵和独特的艺术魅力，具有极高的历史和文学艺术价值。

翔集西堤

  颐和园的故事传说来源于不同的时期，按其内容所涉及的时间来分，大致可分为建园之前、清漪园时期、颐和园时期三个时期。建园之前的故事传说内容主要围绕山石和水体，如"瓮山的来历""郭守敬补西湖""昆明湖的故事""龙王庙与金钩河""巧引神山水"等；清漪园时期，民间流传着一些关于乾隆皇帝和清漪园建园的故事传说，如"'样式雷'巧设园林图""福山寿海""鲁班修清漪园""乾隆难工匠"等；颐和园时期，则是大量故事传说的发源期，如"光绪题金匾""乐寿堂里的罪行""乐寿堂前的玉兰树""谭叫天饮恨德和园""颐和园的大戏台"等。

  颐和园故事传说的流传范围广泛，有的传于宫廷、颐和园之中，有的传于周边村庄之中；这些故事传说为正史提供了参考和补充，凸显了当时封建社会统治阶级和被统治阶级之间的主要矛盾，反映了当时的历史背景和社会格局，宣扬了与人为善的价值观，体现了周边村落的历史地理情况。此外，颐和园的故事传说也是文学创作和讲解词素材的来源，在一定程度上反映了园中建筑的建造过程，以及中国古代的吉祥文化和宗教文化。

7.2　宫廷寿膳制作技艺

  颐和园是慈禧太后晚年的颐养之地，在晚清国家政治、外交、宫廷生活中发挥着重要的作用。因其风景秀丽、气候宜人，慈禧太后的 60 岁、63 岁、68 岁、69 岁和 70 岁万寿庆典均选在这里举行，因此留下了较为完整的宫廷寿膳制作技艺。

△宫廷寿膳（李晓静　摄）

　　颐和园中共有四处大小不等的膳房。慈禧太后的寿膳房由八个院落组成，位于德和园西侧。光绪皇帝的御膳房设在仁寿殿南配殿的南面。光绪十九年（1893 年）增建霁清轩酪膳房，专门为慈禧太后制作奶酪、点心。此外，为方便慈禧太后观看水师表演和赏月用膳，又在南湖岛上兴建一处膳房。随着时代的发展，颐和园中的膳房也另做他用，宫廷寿膳制作技艺逐渐受到冷落。1924 年，商人陈玉山在听鹂馆开设万寿山食堂，让世人再次品尝到宫廷膳食的美味。1949 年，听鹂馆开始承担以餐饮为主的接待国家领导人和外宾的服务工作，自此宫廷寿膳制作技艺才得以继续传承。

　　听鹂馆的厨师传承宫廷菜肴的制作技艺，以清代颐和园寿膳房的膳单和大量清宫饮食档案资料为依据，经过归纳整理，推陈出新，传承了一整套宫廷寿膳宴席及代表菜品。

　　如今，听鹂馆中制作的宫廷寿膳宴席种类繁多，有寓意延年益寿的"万寿无疆席"，有祝福吉祥如意的"福禄寿禧席"，有象征太平盛世的"江山万代席"，有注重保健养生的"延年益寿席"。此外，听鹂馆还有"吉庆有余席""普天同乐席""全鹑宴""全鱼宴"，以及各种功能不同的滋补养生药膳。

听鹂馆中的寿膳宴席以为慈禧太后祝寿的"万寿无疆席"最具特色和代表性。万寿无疆席设有以"万""寿""无""疆"四个字命名的四道主菜，即"万字燕菜卷""寿字人参鸭""无字散花鱼"和"疆字闹海虾"，并配以形态逼真、惟妙惟肖的自制面人吕洞宾、老寿星、何仙姑、哪吒装点其间，从而使宾客不仅能品尝美味，还能享受视觉和文化的饕餮盛宴。除了这四道主菜，万寿无疆席的代表菜品还有龙凤呈祥、二龙戏珠、丹凤朝阳、孔雀开屏、寿星香桃、龙舟活鱼、宫门献鱼、红娘自配、雪梅伴黄葵、罗汉菜心、雪花桃泥、绣球干贝、五福贺寿、御膳四宝等，面食冷点小吃有宫廷面食、宫廷冷点、五福捧寿桃、金鱼戏莲酥、鸳鸯酥、象眼饺、澄沙包、冬菜菊花包、喜字饼、如意卷、佛手酥、豌豆黄、芸豆卷、小窝头、肉末烧饼等。每一道菜品的再现、每一种点心的制作，都饱含着每一位厨师师傅的辛勤劳动、晶莹汗水和不懈努力，体现了宫廷寿膳制作技艺的世代传承。

颐和园中的宫廷菜在原料的选择上具有其他风味菜系无法比拟的得天独厚的优越条件。它可以随意选取民间上品的烹调原料和各地进贡的名优土特产品，广收博取天下万物中的稀世之珍；各地出产的山珍海味、鲜蔬名果应有尽有。不仅如此，它还对这些原料的产地、质地、大小、部位等都有严格的要求，有时为了调剂口味，也会选用一些市井常见的原料，但其烹调之精细、辅料之昂贵，则非民间菜肴所能与之相比。

颐和园中的宫廷菜还十分讲求菜肴的造型艺术，其图案造型要求做到如同盆景一样美观悦目，因此菜品的制作时间较长。在菜品的造型手段上，主要使用的是"围、配、镶、瓤"等工艺手法，"围、配、镶、瓤"是宫廷寿膳特有的烹饪技法。"围"是指以菜围荤，以小围大，当主料制成后，在外围放时令蔬菜；"配"是指成菜的原料不能单一，需由两种及以上原料搭配协调而成；"镶"是指将一种经过加工的原料点缀在另一种原料之中；"瓤"是指将原料加工成茸、泥、丝、粒等，抹或装在成形的原料托子内，使菜肴饱满鲜亮。

颐和园中的宫廷菜不但对菜肴的造型十分讲究，而且还需使用形状色彩华贵、造型古雅特异的餐具。金、银、玉石、水晶、玛瑙、珊瑚、犀角、玳瑁、象牙等是餐具的主要材质，在此基础上还要配以大量由官窑特制的精美瓷器，慈禧太后的大雅斋就是其中的杰出代表。总之，颐和园中的宫廷菜是眼、耳、鼻、舌、身、意的全方位感受，其制作技艺更是中国烹饪文化的瑰宝。

第**8**章
颐和园周边地区

《颐和园》

爱新觉罗·溥杰

一园竹树绕泉石，四季冬春夏复秋。

放棹只疑天上坐，凭栏真个画中游。

岚光叠翠巍云塔，湖影回廊漾梵楼。

合璧大圆横玉带，斜阳无语卧铜牛。

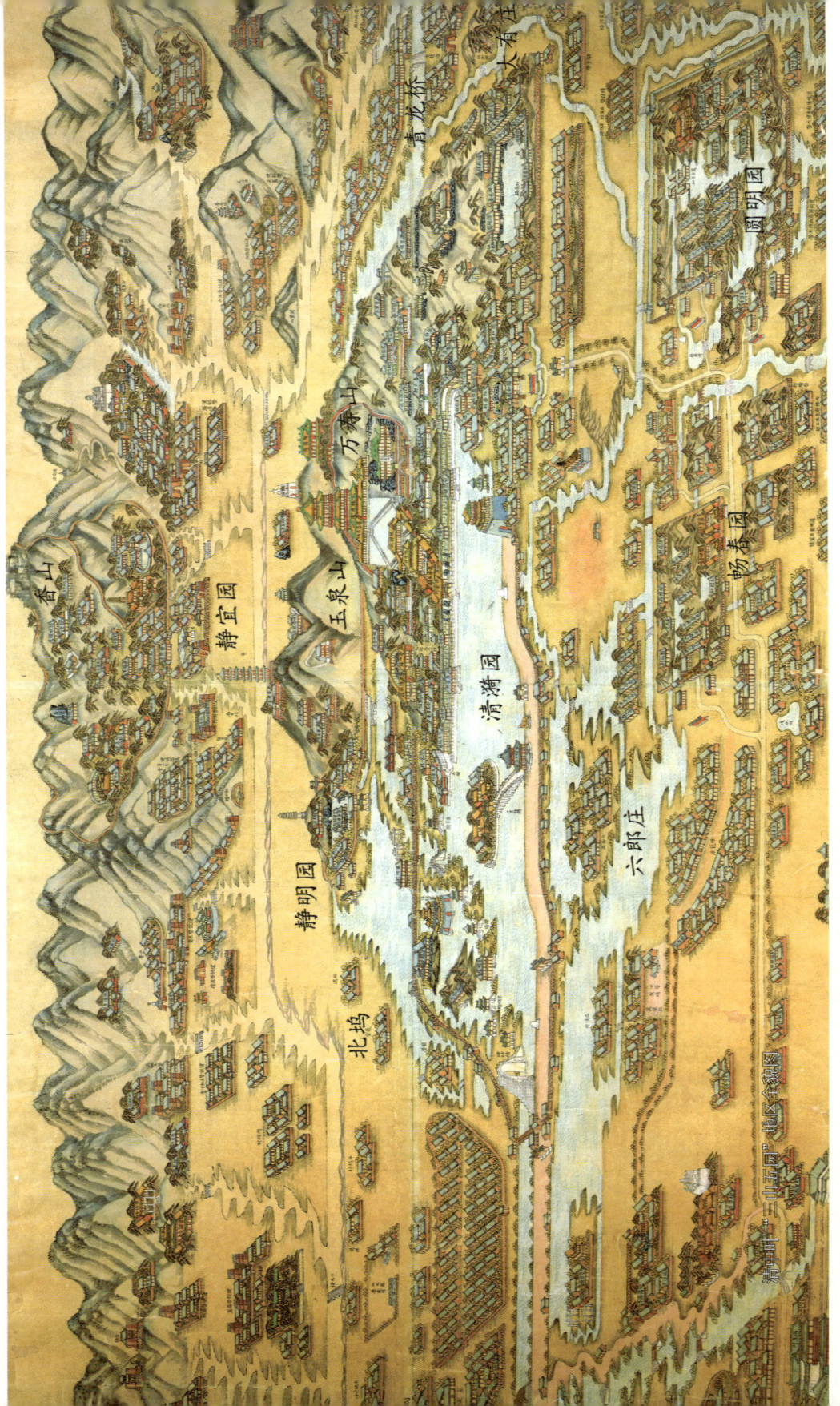

青龙桥　畅春园　大有庄　圆明园

香山　静宜园　万寿山　玉泉山　清漪园　畅春园

静明园　北坞　六郎庄

清朝《三山五园》地区全貌图

颐和园周边地区最大的特点是河湖交叉、泉眼密布，宛如江南水乡。颐和园的建成极大地促进了其周边地区的发展，颐和园周边的村镇成为连接京城与西郊园林区的纽带。清代帝后园居期间，朝廷的诸多政务机构也随之增设，军机处在颐和园周边设立了办公机构，六部官员在颐和园附近赁屋居住，颐和园周边村落的性质也随之发生进一步的变化，成为京城政治功能的延伸。

8.1 六郎庄村

六郎庄村位于北京市海淀区中部，东至芙蓉里小区，西接颐和园东墙，北至二龙闸，南至巴沟村。六郎庄村在玉泉山脚下，南临万泉河，北依昆明湖，因此当年泉水、河水、湖水极为丰沛。它自古就以塞北江南而著称，几百年来享誉京城的京西稻就出产于这里，它晶莹剔透，粒粒如珠，入口香甜，是明、清两朝皇宫里帝王们的美食。因六郎庄村水质甘洌清澈，种植的莲藕和养殖的北京鸭也非常出名，成为北京的名牌产品。

六郎庄村因其特殊的地理位置，数百年来享受到了特殊的礼遇。当年乾隆皇帝的"三山五园"建成以后，清代历代皇帝每逢夏日都要来此消夏避暑。军机处就建在了海淀镇的老虎洞内，军机大臣和王公贵族为攀龙附凤，也纷纷在海淀一带建造别墅住宅，六郎庄村便成为首选之地，至今村内还留有清末都察院遗址，以及湖广总督张之洞和军机首辅荣禄的私宅遗迹。

六郎庄村还有一处著名的古迹——真武庙。它建于康熙年间，三进院落，庙宇恢宏，其中轴线上有山、真武殿、娘娘殿，两侧有配殿，房屋共 42 间，真武殿内原有佛像 22 尊、神像 29 尊，山门外立有夹杆石旗标，真武庙中有壁画。真武殿的监造者是《红楼梦》作者曹雪芹的祖父曹寅，这是他在监造畅春园西园时同时负责的另一个工程，现在只剩下断壁残垣了。

据说，在慈禧太后 70 岁生日当天，颐和园里张灯结彩，大摆酒宴，十分热闹。当百官朝贺之后，慈禧太后正在兴头上，要登临佛香阁，登上佛香阁后，她向南望去，昆明湖水拍打着湖岸，哗哗作响，银光闪闪，仿佛天河一般。慈禧太后在佛香阁里一坐，亲信大臣们都凑上来捧脚，说慈禧太后就是天上的王母娘娘，听罢，慈禧太后高兴得心里发痒。她把眼神往东南一瞥，见东墙外有一处景致，绿树成荫，就问身旁的李莲英："那是什么地方？"李莲英答道："启禀太后，那是六狼庄。"慈禧太后一听，心里一惊，脸上的喜气立刻变成了丧气。她

△六郎庄村石碑

心想：哀家是属羊的，这狼在哀家身边，还不把哀家吃了！那群捧脚的亲信大臣，见慈禧太后脸色突变，一个个勾着脑袋，连大气也不敢出了。李莲英最会揣摩慈禧太后的心思，他一瞧慈禧太后的脸色，就猜得八九不离十，他贴近慈禧太后的耳根，悄声说："启禀皇太后，您不用心惊，在这山上立一个堆子（岗哨），日夜派人站在堆子上监视着六狼庄，狼就不敢出来了。您来佛香阁游玩时，为了不让狼看见，还可以在山上种一些高大的松树，把视线挡住。"慈禧太后一听，心里才宽慰些，点头答应了，立刻动工修建。尽管如此，慈禧太后还是心神不定，后来把"六狼庄"改成"六郎庄"，这才算是放了心。如今在佛香阁东边约100米的地方，有一个千峰彩翠城关，据说就是根据此故事所建，当然这仅仅是光绪年间的一个传说而已。

8.2　大有庄

　　大有庄位于北京市海淀区，东邻国际关系学院，西近安河桥，北接中共中央党校，南靠颐和园。据考证，大有庄有着数百年的历史，在明代就已经形成小村落。最初，只是一些有钱人家雇用了八户守墓人在此居住，当地人称"穷八家"。清漪园建成后，村庄内的人家逐渐增多起来，大部分人在清漪园内当差，另有许多生意人。乾隆皇帝从清漪园后辇道经过此村，赐"大有庄"村名，意思是福禄荣华样样有，预示年年大丰收。为了感谢皇上圣恩，村中的盛祥号、大有号几家买卖铺子出钱刻碑，立于大有庄村口。

光绪年间，重修大有庄内极乐寺，其前殿内明间有泥塑关公圣像一尊，正殿内明间砖座上有如来像一尊、观音像一尊，均是石雕，另有瓷观音带莲花座站像一尊，泥塑、石雕和瓷观音为寺中"三绝"。

1917 年，大有庄的商号有公和长栈、公和局、天元局和火兴局，继而有毓泰长、公和厚粮店、开德胜、万珍楼猪肉铺、贾家、白家、梁家羊肉铺，还有祥和荣绒线铺、三和盛烟铺、董家茶饭馆、高家茶馆，以及三家煤铺、一家麻刀铺、一家药铺。其中，炸糕李的炸糕是皇家御园的贡品。

△大有庄

8.3 青龙桥镇

青龙桥镇位于颐和园北如意门以北，历史悠久，文化积淀丰富。在历史上，这里曾是一座繁华的重镇；自东向西有一条通往香山的大路，是颐和园往返静宜园的必经之路。

青龙桥镇始建于元代，是水利专家郭守敬修建京西白浮渠时设置的驻守重要水利设施青龙闸的驻军所在地。明清时期，青龙桥是帝王及其王室成员由海淀去往玉泉山和香山避暑游赏的必经之桥。后因八旗旗营的驻扎，其逐步演变为连接玉泉山与颐和园、圆明园之间的重要商业市镇。青龙桥镇现存两座古寺，分别是慈恩寺和隐修庵。慈恩寺保存得相对完整，现存三座建筑，分别是山门殿、天王殿和大通智胜宝殿；隐修庵只留存建筑物一座。

青龙桥镇是"大运河文化带"上的一颗明珠，是北京运河文化遗产中不可或缺的一部分。

△青龙桥镇遗迹

8.4　北坞村

北坞村位于颐和园西门西部，是北京城乡接合部的一个自然村。北坞村现存最著名的古迹是金山寺和戏楼。金山寺始建于明代，基本保存完整，寺旁断碑中记载着这座寺庙沧桑的历史；戏楼为清代举行香会表演的场所。此外，北坞村里还有一座关帝庙。

京西稻是海淀农业最具特色的组成部分。清朝历代统治者都很重视京西稻的种植，特别是清初几位励精图治的皇帝。康熙皇帝在比较南、北稻作的基础上亲自培育了御稻，并推广种植。乾隆皇帝在此基础上进一步大力开发京西水田，从此，京西稻成为京西海淀历史上最负盛名的农业经济作物，以其优良的品质滋养和哺育了一代代皇室贵族和平民百姓。慈禧太后当政时把北坞村一带划入御稻田。在《泽民

△ 京西稻（胡霁　摄）

要录》中这样描述京西稻："惟玉泉山抱榆泉更佳，膳米于是需焉。"意思是说由于种稻用水为玉泉山泉水，水质清凉透澈，所以京西稻米粒饱满，光润透明，格外香甜。据相关研究者统计，乾隆时期清漪园周边京西稻的种植面积达 10000 余亩。光绪时期，京西稻的种植继续得到发展。到新中国成立前，京西稻主要分布在颐和园周边地区及玉泉山水系附近，种植面积共 13204 亩。

每逢秋天，当人们漫步在北坞公园中，依旧可以看到这久负盛名的京西稻的身影。人们可以在田间地头与金灿灿的京西稻亲密接触，体验丰收的喜悦。

8.5　慈禧水道

慈禧水道，又称长河，是慈禧太后当政时期每年通过水路往返颐和园的路径。这条水道始建于乾隆时期，盛于光绪年间，历经乾隆、嘉庆、道光、咸丰、同治、光绪六朝。长河又称高粱河、玉河、南长河，为通惠河上源水系。长河的名称在乾隆时期就已经出现，在《日下旧闻考》中记载，绣漪桥到倚虹堂为长河。长河水系西北起自昆明湖绣漪桥，东南至西直门外高粱桥，全长约 5.8 千米。

长河是元、明、清三个朝代为北京城市供水的重要河道，同时具有灌溉功能，并为漕运提供水源。它还是一条交通要道，是皇室和百姓共享的游憩空间。长河具有诸多的历史文化遗产和秀丽的自然风光，犹如一幅优美的风景画卷。慈禧太后当政时期每年都要从倚虹堂乘御座船游赏颐和园，这条水道因此而得名。

△慈禧太后御座船木兰艭

△光绪皇帝御座船鸥波舫

第9章
颐和园游览服务指南

《由玉河泛舟至万寿山清漪园》

[清] 爱新觉罗·弘历

玉泉舟下玉河通，日丽风和波不雄。

芷白蒲青景有望，鸢飞鱼跃兴无穷。

清漪水色从新秀，万寿山光即渐融。

行不须臾吟数首，裴家构思或相同。

走进颐和园

颐和园位于北京西北郊海淀区内，距北京城区约 15 千米，是中国现存规模最大、保存最完整的皇家园林之一，也是享誉世界的旅游胜地之一。颐和园是以昆明湖、万寿山为基址，以杭州西湖风景为蓝本，汲取江南园林的设计手法和意境而建成的一座大型山水园林，是保存最完整的一座皇家行宫御苑，被誉为中国皇家园林博物馆。颐和园景区规模宏大，园内建筑以佛香阁为中心，园中有建筑物百余座，大、小院落 20 余处，亭、台、楼、阁、廊、榭等不同形式的建筑 3000余间，古树名木 1600 余株；其中佛香阁、长廊、石舫、玉带桥、十七孔桥、谐趣园、大戏台等都已成为家喻户晓的代表性景点。

最佳旅游季节

每年九、十月最佳。北京的春、秋季是理想的旅游季节，尤其是秋季，秋高气爽、气候宜人。夏季虽炎热，但景色绝佳，租乘游船赏景再合适不过了。冬季寒冷，湖面结冰，白雪覆盖下的颐和园别有一番神秘的景致。

△ 颐和秋韵

游览时间

旺季：4 月 1 日至 10 月 31 日

大门开放时间：6:30—18:00

园中园开放时间：8:30—17:00

静园时间：20:00

淡季:11 月 1 日至次年 3 月 31 日

大门开放时间：7:00—17:00

园中园开放时间：9:00—16:00

静园时间：19:00

票务信息

颐和园门票：30 元 / 张（旺季）20 元 / 张（淡季）

颐和园联票：60 元 / 张（旺季）50 元 / 张（淡季）

备注：

1. 联票包括门票和园中园门票（园中园包括文昌院、德和园、佛香阁和苏州街）

2. 门票和联票均有优惠票

交通信息

东宫门

地铁线路：4 号线西苑站

公交线路：夜 8 路、330 路、331 路、332 路、346 路、508 路、579 路、584 路

北宫门

有停车场

地铁线路：4 号线北宫门站

公交线路：303 路、331 路、346 路、375 路、394 路、563 路、563（区间）、584 路、594 路、观光 3 线

新建宫门

有停车场

公交线路：74 路、374 路、437 路

南如意门

有停车场

公交线路：374 路、74 路、437 路

西门

有停车场

公交线路：469 路、539 路

北如意门

暂无公交、地铁、停车场

游览线路指南

经典线路：

东宫门→仁寿殿→德和园→乐寿堂→长廊→排云殿→佛香阁→石舫→北如意门

休闲文化线路：

西门→畅观堂→西堤→耕织图→北如意门

儒家文化线路：

东宫门→仁寿殿→玉澜堂→宜芸馆→乐寿堂→东宫门

道家文化线路：

新建宫门→南湖岛→东堤→文昌阁→紫气东来城关→东宫门

佛家文化线路：

北宫门→四大部洲→云会寺→善现寺→智慧海→佛香阁→东宫门

红色文化线路：

东宫门→益寿堂→景福阁→后山御路→耕织图→北如意门

APEC 会议领导人配偶游园线路：

东宫门→仁寿殿→知春亭→文昌阁码头上船→乘船游览昆明湖→玉澜堂码头下船→德和园颐乐殿→乐寿堂水木自亲殿→邀月门→留佳亭→寄澜亭→排云门（金水桥合影）→清遥亭→石舫→北如意门

北京市颐和园管理处

地址：北京市海淀区宫门前街甲 23 号

电话：010-62881144

网址：http://www.summerpalace-china.com/

远眺颐和园

参考文献

北京市地方志编纂委员会，2004.北京志：颐和园志 [M].北京：北京出版社 .

北京市颐和园管理处，2011a.仁和万寿——乾隆诞辰三百年颐和园珍宝展 [M].北京：五洲传播出版社 .

北京市颐和园管理处，2011b.颐和园研究论文集 [C].北京：五洲传播出版社 .

北京市颐和园管理处，2014.颐和园大事记 [M].北京：五洲传播出版社 .

北京市颐和园管理处，2016.传奇·见证：颐和园南迁文物 [M].北京：五洲传播出版社 .

北京市颐和园管理处，中国人民大学清史研究所，中国人民大学清代皇家园林研究中心，2016.颐和园史事研究百年文选 [M].北京：中国建筑工业出版社 .

范志鹏，2019.颐和园的岁月小河山 [M].北京：机械工业出版社 .

马剑，阚跃，刘刚，等，2009.颐和园古典园林夜景照明技术研究 [M].天津：天津大学出版社 .

孙文起，刘若晏，翟晓菊，等，1992.乾隆皇帝咏万寿山风景诗 [M].北京：北京出版社 .

颐和园管理处，2000.颐和园文化研究：第一辑 [M].徐州：中国矿业大学出版社 .

颐和园管理处，2006.颐和园志 [M].北京：中国林业出版社 .

颐和园管理处，2008.颐和园导览 [M].北京：中国旅游出版社 .

张宝章，彭哲愚，等，1984.北京清代传说 [M].沈阳：春风文艺出版社 .

赵微，金明哲，2011.颐和园 [M].武汉：长江文艺出版社 .

甄玉金，2004.北京老故事：颐和园传说 [M].北京：中国商业出版社 .

周维权，1999.中国古典园林史 [M].2 版 .北京：清华大学出版社 .

跋

　　颐和园是北京七处世界文化遗产之一，是"西山永定河文化带"内皇家园林类型的唯——处世界文化遗产。随着文化和旅游的发展，颐和园以其独特的魅力彰显出"诗与远方的邂逅"。颐和园的文化价值在于其以卓越的规划布局和精湛的造园技艺，完美地诠释了中国古代人与自然和谐统一的哲学思想、文化内涵和美学追求，显示了中国古典皇家园林对居住、宗教、理政、修心、赏景等多元功能的物质需求和精神需求；其旅游价值则体现在颐和园景观观赏的愉悦度、奇特度和完整度，完全符合当今世界潮流和人类主体价值观，符合广大人民群众的最根本利益。颐和园作为中国古典皇家园林的杰出代表，见证了清王朝的兴衰与中国社会的变迁，是展示中国传统文化的最佳平台，是中国传统文化爱好者的乐园，是世界几大文明之一的有力象征！

颐和园副园长

扇扬颐和园文化之风
传承中华文化之精髓

北京宫廷御窑文化发展有限公司公益支持本图